我
们
一
起
解
决
问
题

不被定义的人生

刘亮 著 李雪薇 绘

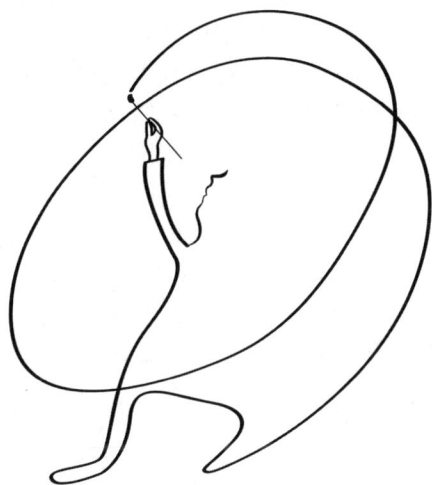

人民邮电出版社

北　京

图书在版编目（CIP）数据

不被定义的人生 / 刘亮著；李雪薇绘. -- 北京：
人民邮电出版社，2023.10
ISBN 978-7-115-62124-5

Ⅰ. ①不… Ⅱ. ①刘… ②李… Ⅲ. ①心理交往-通
俗读物 Ⅳ. ①C912.11-49

中国国家版本馆CIP数据核字(2023)第118583号

内 容 提 要

每个人都希望自己活得通透和自在，却往往裹挟在各种关系中难以如愿。很多人把目光投向心理学，无奈心理学理论枯燥难懂，即使下定决心搞懂理论，但是从理论到实践的距离，依旧如此遥远。要知行合一，依旧需要花费大量的精力。

本书从系统家庭治疗的角度出发，以图文结合的方式让我们在亲近的关系中亲近而不卷入、独立而不疏远。本书包含三部分：一是我们如何处理好与原生家庭的"爱恨情仇"，不被原生家庭定义；二是如何拥有和维持一段高质量的亲密关系，不被爱情定义；三是如何在为人父母后调整好自己和伴侣、孩子及家中老人的关系，不被养儿育女定义。如果从"家庭生命周期"的角度来讲，本书重点阐述的是我们在成年离家、建立属于自己的小家庭、孩子降生这三个阶段该做什么，可以做什么，不该做什么，可以不做什么。

本书适合在原生家庭关系、亲密关系和亲子关系方面有自我成长需要的读者阅读。

◆ 著 刘 亮
　　绘 李雪薇
　　责任编辑 黄海娜
　　责任印制 彭志环

◆ 人民邮电出版社出版发行　　北京市丰台区成寿寺路 11 号
邮编 100164　电子邮件 315@ptpress.com.cn
网址 https://www.ptpress.com.cn
涿州市京南印刷厂印刷

◆ 开本：880×1230　1/32
印张：7.75　　　　　　　　　2023 年 10 月第 1 版
字数：166 千字　　　　　　　2025 年 5 月河北第 13 次印刷

定　价：59.80 元

读者服务热线：（010）81055656　印装质量热线：（010）81055316
反盗版热线：（010）81055315

让爱情和亲情成为温暖的牵挂，而非沉重的羁绊。

活出不被定义的人生——为自我改变而写的图文书。

有趣的表达，深刻的道理

　　刘亮可以说是我的学生中最好玩、最有趣的一个。作为一名精神科医生，他不仅长期奋战在临床一线，出门诊、搞科研、做咨询，而且还坚持写自媒体文章、发短视频，关键是他还能一边玩游戏、看漫画，一边读历史书、做运动，一边关注娱乐八卦，可以说是"吃喝玩乐学，五样俱全"。

　　由这样一名好玩又专业的精神科医生写的书，自然是书如其人——严谨中透着有趣，诙谐中透着深刻。

　　本书首先从日常困扰着手，讲述了心理学最经典和最基本的一些理论，包括依恋理论、家庭系统代际理论、家庭债务理论、派遣理论。先讲我们怎样与原生家庭和解，怎样让自己变得与亲人和而不同，怎样在生活中让自己不受内心说不清、道不明的情绪控制，怎样爱己所爱、行己所行，不问西东；其次告诉我们，怎样自由自在地做自己的同时，还能保持与原生家庭的情感联结，让自己觉得不孤独，更重要的是让我们在自我成长的过程中逐渐变得通透，学会怎样做到与原生家庭的亲人既亲密又独立。他在讲述的过程中引入了很多中国历史上经典的人物形象和故事，同时把它们和西方心理学经典理论中的人物形象和知识点做了对比和结合，我相信大家在阅读这部分内容的时候，一定会有一种妙趣横生的感觉。

接着便介绍了如何进入亲密关系，以及如何享受亲密关系。或许现在许多年轻人喜欢做"不结婚、不生娃、不买房"的"三无青年"，但这并不妨碍大家从本书中学习"如何在想谈情说爱时开心自在地谈一场恋爱"。因为本书第二部分会讲到如何找到心仪的恋人，如何与对方进行情感"搭讪"，如何让爱情持续保鲜，如何避开伴侣沟通中的破坏性陷阱，如何让双方都感到谈这场恋爱有趣且不累心，如何让自己的亲密关系不变成"骗人的童话"。毕竟，亲密关系更应该成为我们主动渴望的一种滋养，而非被迫完成的一项任务。

在讲述亲密关系后，刘亮继续和大家聊了聊怎样顺利地从"我的眼中只有你"的二人世界过渡到养育孩子的三人家庭，这也正是当下令许多年轻人都头疼和纠结的议题。孩子好生不好养，有了孩子，自己的生活、兴趣和需求到底该放在什么位置？怎么样既当好家长，又当好伴侣，还能体谅自己？同时，婆媳关系、翁婿关系等又该怎样处理？每一个问题看上去都颇令人费心。本书的第三部分主要专注于上述这些棘手的问题。

　　总而言之，本书尝试传递一种"首先要做好自己，才能做好父母的孩子、伴侣的爱人、孩子的父母"的人生观。刘亮用最朴实、有趣的文字和简洁、传神的插画，讲清楚了心理学和家庭治疗中一些特别深奥的理论。本书通俗易懂的内容中"潜伏"了很多深刻的道理。

赵旭东

2023 年 8 月于上海

前　言

一本不一样的书

　　我经常说自己是一名"不典型"的精神科医生，因为平时除了看病、开药外，我还做大量的心理治疗工作，对象包括有情感和行为困扰的儿童、青少年和成年人。在多年的心理治疗工作中，我见证了太多人的困扰、无奈和挣扎——有和父母间旷日持久的纠缠，有和爱人间化不开的冲突，也有育儿时的困惑和迷茫。这些困扰大部分都能在心理学和家庭治疗的理论中找到解释和解决办法。所以，我一直推荐大家空闲时多学一些心理学知识，以便让自己活得更通透和自在。但问题是，对许多人来说，心理学教科书中的内容枯燥乏味，有些甚至难以理解，所以阅读兴趣很快就被消磨得所剩无几。就算有人下定决心花时间和精力去学习，但是仅靠自己慢慢领悟和体会，可能理解了理论，而从理论到实践的转化，可能要花好几年才能达到刚刚入门的程度，其路漫漫。

　　所以，我一直想写一本书，它既要足够专业，能把心理健康的专业知识传递给读者，又要足够通俗易懂，能够让读者在阅读时感到有趣。作为一名热衷于心理健康科普的精神科医生，这些年我一直在寻找一种符合上述要求的表达方法。虽然之前我在个人微信公众号、各种平台和网站上都发过不少科普文章和视频，其中也不乏高阅读量和评价不错的作品，还出过两本书，但我总觉得它们严谨有余而趣味不足。虽然我的文字表达本身还算有趣，但总感到单纯靠文字来传递知识还是太单调了。

于是，我想到了用文字结合漫画的方式来表达。但遗憾的是，虽然我从小就看动漫，但并没有受过专业的绘画训练。我没法仅靠自己把专业的心理学知识用漫画的形式"信、达、雅"地表达出来。但我又实在想写这样一本书！怎么办呢？那我就找人帮我画，这才有了本书。本书的出版虽然不是很漫长，却很不容易。我需要一边完成文字稿创作，一边在脑海中构建相应的漫画创意、形象和构图，同时需要反复和插画师雪薇就构图的想法、布局等进行沟通与磨合，还需要和编辑反复确认文字内容与图画是否合适。这个过程耗费了整个创作团队大量的心血，也极其考验大家的热情和耐心。但不管怎样，本书终于完成了，虽不算完美，却是一次大胆的尝试。

在本书中，我尝试从系统家庭治疗的角度，用图文结合的方式讲清楚三件事：（1）我们如何处理好与原生家庭的"爱恨情仇"，让自己不被原生家庭定义，可以安心自在地追求自己想要的生活；（2）如何拥有和维持一段高质量的亲密关系，让我们的生活过得更有爱，而不被爱情定义；（3）如何在为人父母后调整好自己和伴侣、孩子及家中老人的关系，不被养儿育女定义，为自己、爱情和亲情都留出空间。如果从"家庭生命周期"的角度来讲，本书重点阐述的是我们在**成年离家**、**建立属于自己的小家庭**、**孩子降生**这三个阶段该做什么，可以做什么，不该做什么，可以不做什么。换言之，本书可供在原生家庭关系、亲密关系和亲子关系方面有自我成长需要的读者阅读。

如果一定要说我身为作者的愿望，那就是希望大家在阅读本书时，既能体会到获取心理学知识的满足感，又能体会到漫画带来的趣味感，同时也有自己可运用书中知识解决实际问题的效能感。希望大家都能从本书中得到自己想要的一些东西，让自己多一些信心和方法，过好不被定义的人生。

最后，为了阅读流畅，除特定所指外，本书中会交替使用他和她泛指所有性别。

目录

第二部分

经营亲密关系——不被爱情定义

第三部分

父母也有多重角色——不被养儿育女定义

第一部分

自在离家

——不被原生家庭定义

离家（即离开原生家庭）是我们迟早都要面临的人生议题。有的人可以安心地离家，自在地追求自己的梦想，享受属于自己的生活，因为他们厘清了与原生家庭的"爱恨情仇"。有的人虽已成年，但他们的内在还与原生家庭纠缠不清，一想到自己的家人和过去就有一种爱恨交织的感觉，困在原地难以前行。在这一部分中，我们先谈谈如何在安全感、理智、情感、家庭传承和发展意愿上处理好跟父母、同胞和祖辈的"断舍离"，让自己与原生家庭的关系既亲密，又能够保持独立，从"家庭的一员"真正变成独立和自在的"我自己"，踏上"不被定义的人生"之旅。

♥　♥　♥

与我的内在安全感对话

　　常听人说："我特别没有安全感，每次发消息给恋人，只要他不马上回复，我心里就会有一种说不出的煎熬，生怕他又拈花惹草。""每次我跟关系亲近的人吵架，只要对方不理我，我就感到绝望，生怕她又不喜欢我了。"

　　这些都归结为一个问题：为什么我没有安全感？

"安全感蓄电池"

　　其实，每个人都有一块"安全感蓄电池"，这块"电池"自带记忆功能，记录着我们从呱呱坠地那天起和亲近的人互动时体验到的各种感受和情绪。

　　在我们还是小孩时，如果我们感到孤单、害怕、痛苦时能从照顾者（通常是父母）那里得到及时、恰当的回应，这种"在需要时会得到他人关心"的记忆，会变成"情感电量"充入我们的"安全感蓄电池"中。

随着这样的体验不断累积，我们会逐渐产生三种确定感：我是值得被爱的，他人是值得信赖的，人与人之间的关系是可靠的。反之，我们会对自己是否值得被爱、他人是否值得信赖及人与人之间的关系是否可靠产生怀疑。

这些体验大多属于纯感受层面的记忆，并不太受理智的控制，在专业上它们被称为"情感记忆"。而从人体的生物学构造来讲，"情感记忆"存储在大脑中的"边缘系统"区域（下文统称为"情感记忆脑区"）。而那些关于客观上发生了什么的"理智记忆"则存储在大脑中的前额叶区域（下文统称为"理智记忆脑区"）。

记忆存货

在成长过程中，如果我们遇到的某些情景与幼年时的经历相似，那么存储在这两个脑区里的**记忆存货**就会被自动调用，从而影响我们当下的感受、想法和行为。从生物学上讲，"情感记忆脑区"的"供货速度"一般比"理智记忆脑区"的更快。许多时候，"理智记忆脑区"还没来得及发挥作用，我们就会优先接收到"情感记忆脑区"发来的"情感记忆快递"并被它控制。

以一个男生为例。年幼时，如果他因害怕而哭泣，父母不但不理他，而且还威胁他"再不听话我们就不要你了"，那么这段经历就会变成一段"父母不爱我，我也不值得被爱"的情感记忆存储在他的"情感记忆脑区"。这个男生长大后开始交女朋友，女朋友一旦没有及时回复他的消息，存储在他大脑里的这段情感记忆就像特快专递一样，立刻被送到他面前，对他说："她肯定不爱你了，就像当年父母不爱你一样。"此时，他的理智虽然想提醒他："女朋友和父母不一样，她是爱你的，她只是因为有事在忙，所以没来得及回复你的消息。"但这种理智提醒远远落在了后面，因此在事发当下并不能发挥作用。这就是为什么许多人感觉："道理我都懂，但情绪一上来就控制不住自己了。"

所以，在我们"情感记忆脑区"的存货中，正面的、被爱的记忆越多，"安全感蓄电池"获得充电的机会相应地也就越多，它的容量就越大，里面储存的"安全感电量"就越充足。与之相应，我们将来面对挫折时的韧性就越大，处理挑战时的能力就越强，我们也更容易接纳即将到来的分离，我们的心理"续航里程"就更长，心理也更健康。总之一句话：一个从小被充分地爱过和保护过的孩子，长大后才有足够的勇气"在地上跑"。

更让我们安心的是，这种"情感记忆"并不会随着我们的照顾者离去，也不会因为我们的生活环境发生改变就失效。相反，它会长年驻扎在我们的"情感记忆脑区"，即使时过境迁，物是人非，它依然可以穿越时空，在关键时刻把我们当下的感受与过去的感受相关联。

安全型依恋

上述这种状态根植在情感中，穿越时空把我们当下的感受与过去的感受相关联，把我们和身边的重要他人及与他们有关的记忆、感受相关联，我们称之为**依恋**。

我们一般把从小被充分爱过、"情感记忆脑区"里正能量存货充足、"安全感蓄电池"容量满满的人称为"**安全型依恋**"个体。一般来说，如果照顾者在照顾孩子时能做到五点，成为"五好"父母，大多能培养出安全型依恋的孩子：

- 及时察觉孩子的需要（孩子哭了，说明他不舒服了）；
- 比较准确地理解孩子的心情（孩子哭了，可能是因为不给他买玩具，他不甘心）；
- 及时给予孩子回应（不管买还是不买这个玩具，我得正面回应他）；
- 给予孩子恰当的回应（温柔、耐心地跟孩子说，"我知道你不甘心，但今天咱们计划花的钱已经不够买这个玩具了，只能下次再买"）；
- 自身的情绪稳定（我得稳住自己的情绪，别激动）。

被这样的父母养育长大的我们更能够自如地进入和享受属于自

己的亲密关系。这样的我们相信，"爱真的能滋养人"，也能够更自如、勇敢和直接地向爱人表达自己的感受和需要，因为存储在我们情感记忆里的那份曾经被父母关爱的记忆让我们坚信：爱人不会因为我向她提出一些合理的要求就嫌弃我，她有意愿也有能力回应我；人与人之间的关系是可靠的。这样，当我们和爱人在一起时，能安心享受此刻的浪漫，分开时也能各自安好，安心忙碌各自的事情。

迷恋型依恋

我们都想成为"安全型依恋"个体，都想拥有上文提到的"五好"父母，但天下没有完美的父母。

如果我们的父母因其自身原因不能始终如一，在对待我们的时候一会儿细腻温柔，给予我们恰当的回应和关心，一会儿又简单粗暴，全无耐心回应我们，我们就容易长成"**迷恋型依恋**"个体。这样的我们可能会觉得：他人是有能力爱我的，但他们为什么就是不给予我持续的爱？是不是因为我不够好，不值得他人给予我持续的爱？

这样的我们在成年后与爱人相处时，特别容易感到焦虑不安，我们总担心爱人会像我们小时候父母做的那样，一会儿在，一会儿又突然不见了。我们总担心自己会被对方抛弃，总在寻觅一个理想中的完美爱人，可以给予我们"永不失联的爱"，却始终难以如愿。因为，即使这个人出现了，从小存储在我们"情感记忆脑区"里的害怕被抛弃的感觉，也会随时越过理智的监管影响我们。

这样的我们很容易在恋爱中过度依赖对方，不停地追着对方要保证、要安慰、要陪伴，甚至一刻都离不开对方。很多青春偶像剧里有些角色"作天作地作空气"，一小时发几十条短信给恋人，对方回复不及时就接受不了，甚至歇斯底里或以死相要挟，他们大多属于此类人。

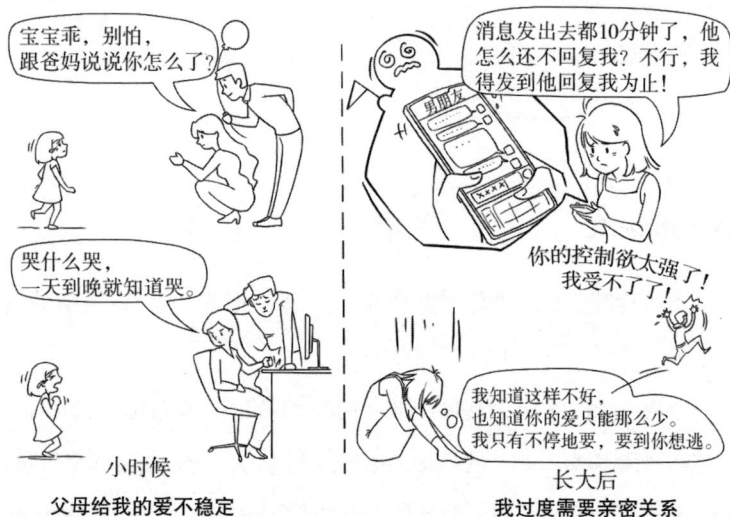

宝宝乖，别怕，跟爸妈说说你怎么了？

哭什么哭，一天到晚就知道哭。

小时候
父母给我的爱不稳定

消息发出去都10分钟了，他怎么还不回复？不行，我得发到他回我为止！

你的控制欲太强了！我受不了了！

我知道这样不好，也知道你的爱只能那么少。我只有不停地要，要到你想逃。

长大后
我过度需要亲密关系

疏离型依恋

如果不管我们怎么表达需要，怎么哭，怎么闹，作为照顾者的父母都毫无反应，似乎我们并不存在一样，那么久而久之，我们就容易觉得在这世界上只有自己靠得住，他人都靠不住，人与人之间的情感联结也毫无价值，也就在人际交往方面鲜少花费精力。这样的我们只能被迫关闭自己的"情感需求开关"，用一种"我自己一个人过就挺好"的观念麻痹自己，表现出一副超然的模样。其实，不是我们不想要爱，只是因为从小反复向父母要却得不到，索性就放弃了。

这样的我们长大后往往表现得异常理智，有时候在他人看来甚至有点冷酷无情。"感情、感受、爱"这些词语在我们看来纯属小资情调，甚至就是用来"作"的。这样的我们往往表现得对亲密关系缺乏兴趣，也没心思与他人深交或合作，这种情况被称为**"疏离型依恋"**。现在有一部分没兴趣谈恋爱、整天喜欢一个人宅着的"空巢青年"可能就属于这类人群（当然，那些不想将就，或者想明白了要一个人自由自在生活的人除外）。

有的人可能会说："这样的人不是挺好吗？一人吃饱全家不饿，也不招惹别人。"其实不然！研究表明，"疏离型依恋"的人在日常生活中出现莫名愤怒和攻击他人的行为的概率很高，他们可能平时看上去似乎没什么情感，像一杯温开水，但往往不发火则已，一发起火来就极具毁灭性。这可能跟他们从小一直压抑自己的情感有关，那些被压抑的情感就像藏在火山口下的岩浆，总有一天会爆发。有人开玩笑地把这样的人称为"情绪狼人"，这类人在情绪暴怒时就像小说里的狼人在月圆之夜变身时一样可怕。

小时候　　　　　　　长大后

恐惧型依恋

最后一种情况，如果从小父母不但不给予我们保护和关爱，还在我们发出情感需要时粗暴地打骂我们，或者父母的情绪时好时坏，极其不稳定，那么情况会怎样呢？答案往往是："父母是我从小最需要的、对我最重要的人，而我一直以来受到的许多伤害，也正来自这两个人。"这样的经历和记忆会让我们对"靠近我爱的人"这件事本身感到异常矛盾。当我们靠近对方时，从小被父母伤害的痛苦记忆可能会跳出来警告我们："你要小心，他可能会像你小时候的父母那样伤害你！"而远离对方，我们又没有足够的信心和能力照顾好自己，因为从小被父母对待的方式可能会让我们对自己被爱的价值毫无信心："连父母都这样对待我，那足以证明我真的就是多余的存在。"

这样的我们很可能会发自内心地厌恶自己，内在"安全感蓄电池"的电量也极少。在独处时，我们总觉得心里空落落的，总感到孤独，总希望身边有人陪伴，但如果有一个人真的想要靠近我们，我们又害怕亲近对方会让自己受到伤害，甚至会因此做出各种看似不可思议的事情，把对方撵走。这种情况被称为"**恐惧型依恋**"。

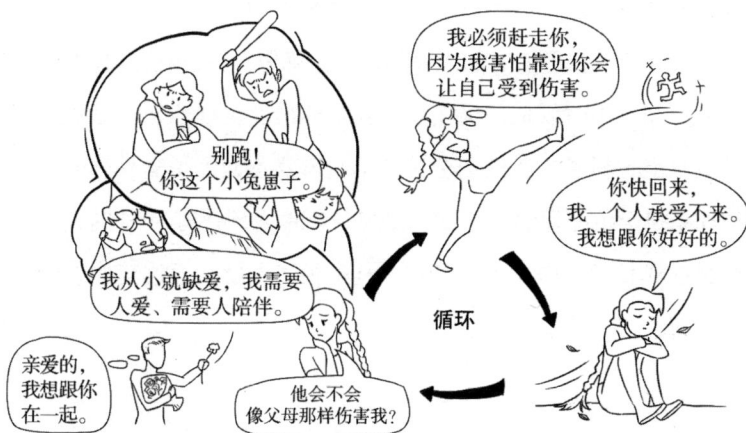

上面提到的四种情况就是心理学里常讲的"**依恋类型**"，我们也常把"安全型依恋"之外的其他三种依恋类型统一归为"不安全型依恋"。即使不理解这些概念也没关系，你可以把它们简单地看成用来衡量我们有多少安全感的标尺，知道自己更偏向哪种类型即可。

依恋的重要性

为什么依恋对我们如此重要呢？因为偏安全型依恋的人不但

心理更健康，情绪困扰更少，而且寿命更长，事业更成功，爱情也更美满。可以说，依恋不仅影响我们的安全感，而且影响我们的方方面面。

研究证明，影响一个人依恋最关键的时间是 0 ~ 3 岁。如果我们去测那些 18 岁以上成年人的依恋类型，会发现 70% 的人的测量结果和他们 3 岁时的测量结果是一致的。所以，从这个角度讲，"三岁看大"这句话其实是有科学依据的。

读到这里，可能有的人会感到些许绝望："我没法选择自己的家人，如果小时候他们确实没帮我培养出安全型依恋，那我是不是就只能这样了？我的安全感是不是就找不回来了？"非也！我们如果换个角度理解 70% 这个数字，就能发现还有 30% 的人的安全感在成长过程中发生了变化，其中很多人就是通过其他方法找到了新的安全感来源。

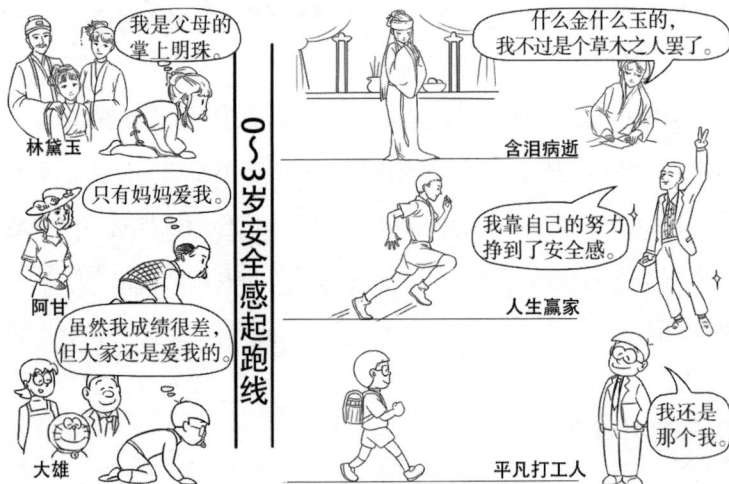

和我的内在安全感对话

至于有哪些方法可以帮助我们重新找回"属于自己的安全感",下文会详细阐述。此处,我们先做一个小练习,叫**"和我的内在安全感对话"**。

首先,给自己找一个安静的独处空间。

其次,花一分钟时间做几次深呼吸,让自己进入一种比较平静的状态。

再次,想象自己内心有一个形象,代表自己的安全感,试着在心中勾勒出它的样子并给它起个名字,如"小云""文心"等。如果你愿意,也可以用笔把它画出来。

最后,试着和它对话,问它以下几个问题:"你是从什么时候出现在我的生命里的?""你感觉自己有多安全?""这些安全感是从哪里来的?和小时候身边的哪些人对待你的哪些方式有关?""现在和哪些人的关系让你感到不那么安全?为什么?""如果要让你觉得稍微安心一些,我可以做些什么?"

这个练习可以让我们对自己的安全感体验更通透。这很重要,因为摆脱不安全感的第一步就是先看清它。

摆脱不安全感的第一步就是先看清它。

2.

找回安全感的 3 种方法

我们不能选择自己的出身和父母，但可以选择自己的生活方式。我们或许不能完全寄希望于让养育者给予我们安全感，但我们可以后天找回属于自己的安全感和幸福。

怎么寻回属于自己的幸福呢？下面我们介绍 3 种方法：①提高自我觉察和情绪管理能力；②寻找替代性依恋对象；③资源武装。下面我们分别介绍。

提高自我觉察和情绪管理能力

前面讲到，从小和养育者相处的经历，会化作无形的情感记忆储存在我们的"情感记忆脑区"里。当我们长大后遇到相似的情景时，这些情感记忆很容易越过"理智记忆脑区"的监管，跳出来接管我们当下的感受，让我们重新体验到童年时那种被养育者抛弃或伤害的痛苦，接着做出很多让我们之后深感后悔的行为。例如，用伤害自己的方式企图逼迫恋人答应我们的要求。而且这个过程完全是自动运作的，就像我们在饥饿时闻到饭菜香味就会流口水一样。

所以，我们可以加强理智脑区的"检查和监管"能力，从而提高我们控制不安全感的能力。说得直接点，就是当不安全感和既往的悲痛记忆又出来作怪时，我们的"理智记忆脑区"可以及时觉察到它们，然后加以安抚和监管。

五步呼吸思考法

加强理智脑区"检查和监管"能力的方法有很多，我们推荐一个简单易行的小练习——**"五步呼吸思考法"**。

1. 每次感觉自己的情绪快要爆炸时提醒自己，"现在我心里又产生了不安全感，各种情绪在乱撞了"。

2. 给自己一些时间，在心中从一默数到十，同时做几次深呼吸。

3. 问自己以下几个问题：现在我的身体到底感觉到了什么？我看到的什么事让我有这种感觉？为什么？这种感觉我小时候有过吗？当时是什么情况？那时候我是用什么方式处理的？

4. 继续问自己：现在的情况和小时候的有什么不一样吗？哪里不一样？

5. 最后想一想：现在我长大了，已经不是小时候的那个自己了。除了小时候用过的那些方法，现在我还有哪些方法可以用？

这个练习需要反复做，目的有四个：一是培养我们的"理智记忆脑区"及时识别情绪的能力；二是让我们提高对这些悲痛情绪的"反向溯源"能力；三是让"理智记忆脑区"可以及时地帮助我们管理悲痛情绪；四是增强"理智记忆脑区"为我们出谋划策的能力，帮助我们找到更合适的方法来表达当下的情感和需要。

需要澄清一点，我们这样做并不是要一味地压抑我们的真实情感和需要，而是让它们以更能被大部分人接受的合理方式得到表达。因为情感和需要本身并没有错，但我们如果用"一哭、二闹、三上吊"的方式来提要求，就会破坏我们的生活和人际关系，甚至危及我们的人身安全。也就是说，我们要监管的是那些极具破坏力的情感和需要表达方式，而不是情感和需要本身。

"内外一致"地表达

我们可以反复练习用"内外一致"的方法表达自己的需要，既要照顾自己和他人的感受，又能把自己的需要说清楚。例如，"我知道你每次看到我发脾气也很崩溃，但我真的很害怕你会因为吵架而离开我。所以我就想跟你说，以后咱们如果再吵架，你暂时不想讲话可以直接告诉我，我们可以晚点谈，但请你不要不理我好吗？因为那样会让我很绝望。"

这样做可以让我们在乎的人在当下看到更内外一致的我们，可以让他们更明白我们的需要，更愿意和更易于回应我们的需要。我们收到的高质量回应多了，或许自然就更愿意信任他人了，我们的安全感也就慢慢地被培养起来了。

我们没办法选择出身，但可以选择自己的想法和行动。

寻找替代性依恋对象

无数心理学实践经验都表明，一个人即使在年幼时没有遇到足够好的照顾者，但如果他在成长过程中能遇到哪怕一个"贵人"愿意无条件地认可他、关注他、在乎他，并且愿意在自己能力范围内及时、体贴地回应他的需要，那么这种和"贵人"相处的暖心记忆，也能转化成再生的"情感电量"，充进他的"安全感蓄电池"里，在一定程度上填补他内心安全感的"空洞"。

这个后天遇到的"贵人"，我们在心理学专业上称其为"**替代性依恋对象**"，这个"贵人"一定程度上替代了理想的爸爸或妈妈的角色，那是孤独无助的我们一直渴望且寻找的。这个人不需要多么聪明、美丽或英俊、潇洒，也不需要多能赚钱，只要他无条件地接纳和关心我们，我们也愿意接受他就行。这个人可以是我们的某个亲人、老师、朋友或亲密伴侣，甚至可以是正在帮助我们的心理咨询师。

"替代性依恋对象"的四个判断标准

四个标准可以帮助我们判断遇到的某个人是不是我们的"**替代性依恋对象**"。这四个判断标准即四种感觉，如果你在和某人相处时有这四种感觉中的大部分，那基本上表明，你已经把他当作自己的依恋对象了。第一种感觉是**分离焦虑**，就是你要和这个人分开时会感觉特别不舍，见不到他你就会感觉消沉、紧张不安，会特别想他。第二种感觉是**本能靠近**，就是你一见到这个人，就忍不住地想要靠近他，与他亲近，和他分享你的心情。第三种感觉是**避风港**，就是当你在外面受了委屈或遇到挫折时，你的第一反应便是在这个人身上寻找安慰。第四种感觉是**安全基地**，就是你和这个人待一段时间后，就感觉自己浑身元气满满，像被充满了电一样，又有信心"再战江湖"、面对各种挑战了。

嘿，我真的好想你，眼睛干干的有想哭的心情。

分离焦虑

想看你笑，想和你闹，想被你拥入怀抱。

本能靠近

只要是你，即使只用简单的言语，也能卸下我心中超载的情绪。

避风港

只要有你，我就什么都不怕。

安全基地

如果你读到这里，脑海里能跳出来一个人，那基本表明，他就是你现在的依恋对象。接着你可以做一个"美好记忆时光穿梭"练习，想想在你过去的生活里，有没有出现过至少一个这样的"替代依恋对象"。如果有，尽量在自己产生挫败感时，或者对生活产生不安和绝望感时，尝试把和这个人有关的记忆翻开，回忆过去和他相处时被他关爱和肯定的点滴细节。

这些记忆就像埋藏在我们情感记忆深处的宝藏，在关键时刻甚至可以救我们一命。我曾经见过一个女孩，她的父母重男轻女，在她刚出生时不想要她，特别嫌弃她，甚至虐待她，唯独奶奶把她当作宝贝，特别疼爱她。女孩长大后得了重性抑郁障碍，许多次想结束自己的生命，但都因为想到了小时候被奶奶疼爱的温暖场景而放弃了。

如果你一时之间想不起这样的人，也可以想想在你现在的生活里，有没有人能给你上述四种感觉，同时又足够认可你、接纳你、关心你。如果有，那先祝贺你！建议你再想一想，接下来怎么和她建立稳定的联系，如何在你们都能接受的时间和精力范围内和彼此多接触、多相处。

我们没办法选择出身，但我们可以选择和什么人交往。

资源武装

有人慨叹："'贵人'可遇不可求，因为我们没办法决定自己这一生能遇到谁，也就没法保证一定能遇到好的'替代性依恋对象'。"

确实如此，但我们还有寻回安全感的另一种方法：在我们的能力范围内尽量发展自己的优势和特长。这些优势可以是学业的、职业的、社交的，它们可统一被称为我们的"资源"。

这些资源就像附加在我们身上的"装备"一样，它们越多，我们就有越强的现实能力去应对各种挑战（包括学业的、职业的和感情的挑战）。当我们成功地处理了这些挑战，得到周围人的更多积极评价时，我们或许会对"我是值得被爱和被认可的"这一点更加确定，这样我们的安全感就更强了。所谓"先天不足，后天来补"就是这个道理。

所以，我经常建议向我寻求帮助的人写他们自己的"资源清单"，如写出自己的 50 个优点。如果你愿意，也可以试试做这个练习，看看这样的自我资源整理得多了，会不会让你更有安全感。我们没办法选择出身，但我们可以选择发展自己的能力和优势。

读到这里，可能细心的读者已经发现，我们讲的这 3 种方法其实是相互促进的。我们的自我觉察和情绪管理能力越强，思维可能就越敏捷，应对现实的能力就越强，成就也就越高，资源也会越多，这样的我们可能就越容易吸引他人的认可和关注。这样，我们的"安全感寻回之旅"就进入了良性循环。

不管这个循环从哪里开始，我们每个人的"安全感寻回之旅"都离不开一个核心信念，那就是：人生最重要的不是出生时拿到一手好牌，而是学会如何打好一手烂牌！

人生最重要的不是出生时拿到一手好牌，而是学会如何打好一手烂牌！

3.

既亲密又独立

我们有时会说一个人"不成熟""不稳重""过度情绪化"，言语之间的不赞同意味显露无遗。那么，什么样的家庭能培养出成熟、稳重又温柔的人。

亲密和独立是否矛盾

每个家庭里都存在两股看似矛盾实则彼此依存的力量：一股力量是亲密感，另一股力量是独立或个性化。

亲密感指的是一家人想要在情感上彼此靠近，在生活上彼此支持和交汇的需要和本能。

在悲伤、孤独时想要彼此陪伴，在喜悦、幸福时想要跟彼此分享，遇到有趣的事情想要跟彼此分享，做一个决定时会顾忌彼此的感受，这就是情感联结。这种联结让我们觉得"我并不是一片飘在风中的无根叶"，这种体验会成为支持我们应对世间挑战和世态炎凉的强大心理能量。

一句话，亲密感主打的口号是"这种发自内心的对彼此的顾念，正是家之为家的意义"。

个性化指家庭中每个人（特别是处于成长期的孩子）都有发展属于自己独立的人格、爱好、世界观和人际关系的需要。即使面对家人，我们也渴望有自己独特的人生梦想，拥有属于自己的小秘密，也需要有自己的独处空间，有自己的朋友圈。

例如，已经成年的孩子不必把自己和恋人约会时说的每一句话、做的每一件事都向父母汇报。父母也不必把夫妻之间的任何悄悄话、冲突和秘密都告诉孩子。

换言之，个性化主张："我们虽住在同一个屋檐下，照样可以过好自己的小日子。"

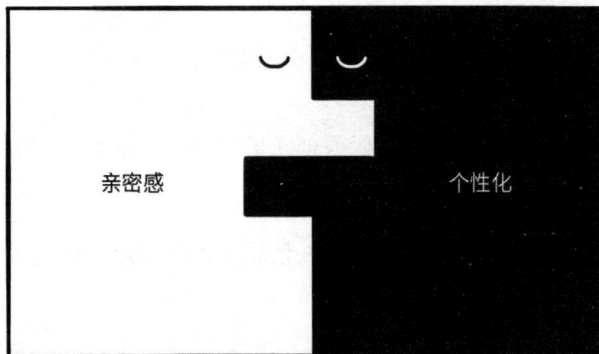

"心理成熟度"的衡量标准

看到这里，估计大家心里已经明确了，我们平时所说的"成熟的人"在该和他人亲近时能亲近，展现绕指的柔情，在该独自决断和理性思考时又能当机立断。我们在专业上则把这种既有儿女柔情又有英雄侠骨的成熟的人称为 **"高分化"** 的人。反之，将那种当断不断、当动情时又不动情的不成熟的人则称为 **"低分化"** 的人。所以，在专业心理学里，我们用"分化"这个词来指代一个人的成熟程度。而分化程度则在某种程度上代表了"心理成熟度"。

我就是那个又帅，又体贴温柔，又果断睿智的"高分化"帅哥。

　　读到这里，估计有人会问：我怎样评估自己分化程度的高低？我们可以用以下两个具体标准评估：第一，情绪和理智区分力，即个人在遇到自己在乎的事情时能否把情绪和理智区分开；第二，人我情绪区分力，即在身边的人有情绪波动时，个人是否可以区分他人和自己的情绪。

情绪和理智区分力

情绪和理智区分力是指我们遇到挑战或麻烦事时，能让自己的理性持续在线，及时地自省并知道："现在我的感受如何？""是什么让我产生了这种感受？""从现实层面讲，我现在最应该做的究竟是什么？"

低分化的人往往过度沉迷于感受，在他们的世界里，好像"该做什么"并不重要，"我感觉爽不爽"才最重要。这样的人往往喜欢把"爱""感恩""感觉"等词语挂在嘴边，你若稍微提醒他要冷静一点，他就会指责你冷酷无情。

低分化　　　　　　高分化

人我情绪区分力

人我情绪区分力是指看到身边的人有情绪波动时能意识到"这是他人的情绪，而不是自己的情绪"，并能让自己不被他人的情绪莫名地传染。

有些人一看到身边的人发火，自己就容易被"点燃"，因为飞机或火车晚点就愤愤不平，有人抗议几句，自己立刻也变得情绪激动，开始大呼小叫。这些人多半就是低分化者。

他们不仅更容易因周围环境变得焦虑，而且因为分不清理智和情绪，拎不清自己的事和他人的事的界线，遇事容易把自己胡乱搅和进去，更容易和他人发展出扯不清的关系，甚至相爱相杀。他们更容易出现情绪困扰（如抑郁、焦虑等），人际关系一般比较差，决策能力也比较差。

众人皆醉我独醒。
你们乱你们的，我才不被你们"传染"。

这里要澄清一点，高分化的人不是冷酷无情，他们也有七情六欲，会因世间感动之事而落泪，会因令人振奋之事而激动，但他们能把"我现在感觉怎么样"和"我现在该做什么"区分开，也能清楚分辨"哪些是你的情绪，是你该为自己负责的事"和"哪些是我的情绪，是我该为自己负责的事"。

就像从古至今的帝王，绝大部分都既爱江山也爱美人。但有人知道要以江山社稷为重，让自己的理智时刻在线；有人则置江山于不顾，耽于声色犬马。

宋徽宗

唐玄宗

康熙帝

唐太宗

我们也想要爱情，但国家和百姓更重要。

我就想当个文学青年。

我只想和爱妃双宿双飞。

要以江山社稷为重。我真的还想再活五百年。

"心理成熟度"的计算公式

如果我们给代表"心理成熟度"的分化程度打分，分数从 0 分到 100 分，那么我们可以按这个公式大概计算一下：

分化程度 =（情绪和理智区分力得分 + 人我情绪区分力得分）÷2

提出分化概念的莫里·鲍恩给了我们一个打分的参考标准：如果 0 分代表这个人最幼稚，宛若孩童，100 分代表一个人分化程度发展到极致，那么大部分人的分化程度得分是 0 ~ 25 分，少数人的分化程度得分是 25 ~ 50 分，分化程度得分能达到 50 ~ 75 分的人百年难得一见，而分化程度得分能达到 75 分以上的人或许是千年难得一见。

一般来说，分化程度高的父母更容易通过言传身教的方式，为孩子示范如何"把情绪和理智区分开，把他人和自己的情绪区分开"，进而养育出高分化的孩子。相反，分化程度低的父母更

鲍恩
（系统代际理论创始人）

诸葛亮

容易养出低分化的孩子。所以，高分化的"学霸基因"是会"遗传"的。

提升"心理成熟度"的方法

要成为高分化的"学霸"，我们可以用两个"三思"法。

遇事要"三思"

遇到麻烦事和挑战时，心中要"三思"：一思此刻的情绪，"此时我的身体感觉和心情如何"；二思此刻的想法，"此刻我想到什么，什么让我产生这种情绪"；三思此刻的决策，"我现在该做什么或能做什么，最好不要做什么"。这个"情绪、想法和决策"三思法的目的是提高我们的情绪和理智区分力。

人我情绪要"三思"

当看到身边人或在乎的人有焦虑、愤怒或不安情绪时，我们也要先"三思"：一思对方，"对方的感受和想法可能是什么"；

二思双方，"我们共同的感受和想法是什么"；三思自己，"我的感受和想法是什么"。这个"三思"法的目的是提高我们的人我情绪区分。

如果可能，请尽量写出来，因为书写可以帮助我们进一步整理思路，让我们巩固"三思"法的成效。

"情绪、想法和决策"三思记录

此时我的身体感觉和心情如何？

_____

_____

此刻我想到什么？什么让我产生这种情绪？

_____

_____

我现在该做什么或能做什么？我最好不要做什么？

_____

_____

人我情绪"三思"记录

对方的感受和想法可能是什么？

_____

_____

我们共同的感受和想法是什么？

_____

_____

我的感受和想法是什么？

_____

_____

　　上面两个"三思"法需要我们反复实践，日积月累，这种自我整理或许就会变成我们的一种本能反应。而后我们便会发现，自己的分化程度在慢慢地提高，我们已逐步成为成熟、稳重且温柔的人。

愿大家能说也能练，都成为高分化的人。

4.

对家人的负面情绪免疫

如前文所述，心理不太成熟的人，也就是分化水平比较低的人，他们的心情更容易受身边人的影响，更容易人云亦云，更容易被鼓动。

不成熟的纠缠

人在找对象时更容易被和自己心理成熟度相似的人吸引。这其实很好理解，因为分化程度低的人从小就习惯了遇到什么事儿就着急忙慌、大惊小怪，内心马上产生强烈的情绪。也就是说，他们一直习惯的是沉浸在浓浓的"情绪罐子"里。

这样的人如果遇到一个高分化的人，很可能会觉得在情绪上不同步，会觉得"我们不通电，没感觉，没有心灵感应"，因为高分化的人凡事都会想一想，不会轻易表现得情绪化。例如，一个低分化的女孩在追剧，她看到自己喜欢的男主角生病了，哭得稀里哗啦，甚至一整天都茶饭不思。但坐在她身边的男朋友却完全无感，还不解地问她："他就生个病，至于让你这么难过吗？"我们不评判这对情侣对于"男主角生病这件事"的反应谁对谁错，只能说他们或许真的不是一路人，因为他们对同一件事的情绪反应程度存在巨大的差异。

低分化的人容易觉得相似低分化的人就是"自己的菜"。因为他们都会因为生活里的一些琐事变得情绪化，变得多愁善感。就像林黛玉和贾宝玉：一个人从小生活动荡，习惯了动辄悲天悯人，看到花瓣落在地上都心生感叹，荷锄葬花且赋一首《葬花吟》；另一个人从小生长在女人堆里，习惯了时时刻刻对她们的情绪保持高敏感度的觉察和回应，也就习惯了"对月落泪，对花伤心"这样的多愁善感。所以，这两个低分化的人便互相吸引，惺惺相惜。

某些言情小说里的情侣，一遇到冲突就相互撕扯得死去活来，动辄要一起殉情，然后一会儿又因为对方的一点小恩惠被感动得稀里哗啦，马上变得如胶似漆，他们大多具有相似的低分化度。就像两个还没长大的孩子玩过家家一样，在他们的世界里，理智退居二线，当下钱包里有没有钱过生活不是考虑的重点，浪漫、随性、潇洒才是他们注意力的中心，经历一场醉生梦死、轰轰烈烈的惊世之恋最重要。

这样的亲密情侣，只要一个人身上的情绪有任何风吹草动，即使诸如稍微皱个眉、叹口气、回复消息晚了一会儿等细小的变化，另一个人就会立刻被这些情绪感染，变得忧思多虑。一方如果今天心情不好，可能也会以各种借口找对方的麻烦，反正就是"你要为我的情绪负责，我不好过，你也别想好过"。

例如，一个女孩因为被领导批评了心情很糟糕，打电话跟男朋友吐槽。男朋友在和她通话时咳嗽了一声，女孩可能会认为男朋友是在用咳嗽暗示自己不要讲了，然后就变得更伤心，开始哭起来。而男朋友本身也是一个低分化的人，他的情绪特别容易受他人情绪的影响，接收到女孩这种反应后马上也变得六神无主。他问女孩怎么了，结果女孩并不明说。最后，他们都心神不宁，没法安心做事。

有趣的是，处在这种关系里的双方经常都会觉得很累，都会反复萌生结束这段关系的想法，但就是"难分难舍"。因为离开对方，没有人愿意用如此高浓度的情绪和他们产生共振，他们会觉得没有情感共鸣的生活索然无味。两个人在一起会因为彼此痛得撕心裂肺，没法好好相处。两个人分开又觉得没有情绪纠缠的生活像行尸走肉一样苍白无趣，没法独自精彩地活下去。这便是我们常说的两个**低分化**个体的"孽缘"。

让人死去活来的爱

所以，如果你和自己的伴侣时常吵架、纠缠，始终难以好好相处，但你又没法说服自己安心地离开对方，那大概说明你们俩的分化程度差不多。

情绪感染

在这样低分化的人组成的家庭里，大家的情绪就像彼此融为一体一样，你中有我，我中有你。在这样的家庭里，家人彼此之间的情绪通道是没有"闸口"的，情绪就像不受约束的洪水一样在家人之间自由奔袭。到最后可能会出现的情况是：家里只要有一个人出现负面情绪（如紧张、抑郁等），这种情绪就会像传染病一样立刻感染其他人。

例如，女儿在家上网课，因为有的地方听不懂就叹了口气，挠了一下头，而妈妈在旁边看到后心里立刻"咯噔"一下，心想女儿是不是又要撂挑子了，因为她经常遇到难题不会做时就会如此。于是，妈妈的焦虑瞬间被激发出来，在自己都没意识的情况下，妈妈开始用尖锐的声音说："怎么了，怎么了？怎么又叹气？"本来正为作业焦虑的女儿一看妈妈这种反应，马上就像被点燃的火药桶一样反击："不要你管，你闭嘴啊！啰啰唆唆的，烦死了！"此时在书房里紧张工作的爸爸听到母女的争吵，心里的焦虑也马上被唤起，隔着门就冲她们喊道："你们就不能安静一会儿吗？还让不让人工作了？"于是，焦虑顺利地在一家人间以迅雷不及掩耳之势传播开来，最后大家吵作一团，谁的日子都不好过。

在这样的家庭里，家人一般处理冲突的方式都比较极端。要么大吵一架，然后开始长时间冷战，对问题避而不谈，装作什么都没发生过的样子，但心里并没法真正原谅对方，更难以亲近对方。要么大打出手，搞得两败俱伤。要么就是在经济地位和社会能力上相对比较弱的一方实在受不了了，可能会成为精神障碍患者，如患上抑郁障碍、焦虑障碍、强迫症等，然后原来显得很嚣张的那一方被迫服软。要么就是冲突的双方谁都搞不定谁，就把家里的其他人扯进来帮忙，从两个人"在擂台上一对一的战斗"演变成三人或多人"混战"。

在这样的家庭里生活其实让人感觉非常疲累，因为你每天要用大量的精力感受家人的情绪，回应家人的感受，处理家人的不安，所以很难有精力专注于自己感兴趣的事情。你很想逃离这个

家庭，却发现心中始终被"亲密感"和"内疚"的力量拉扯着，让你感觉难以离开。它们似乎一直在对你说："不管怎样，你们是一家人，打断骨头连着筋，家人的情绪你有责任照顾。放手不管他们，你怎么忍心？"所以在这样的"低分化"家庭里长大的人，很容易感到紧张和多愁善感，做事优柔寡断，处理感情也特别纠结，个人发展也可能不太好。

4 步对家人的负面情绪免疫

读到这里，你可能会发现：家庭其实也像人一样，会有喜怒哀乐，并且这些情绪会在家人之间流淌，影响着每个人。在心理学专业上，我们用**"家庭的情绪"**一词来描述这种现象。如果这些专业概念你记不住，那也没关系，只要记住**"家人的情绪是会**

相互传染的"就行。此外，如果你身处这种负面情绪容易相互传染的家庭里且正为此感到苦恼，那么你可以尝试做一件事：**在家人和自己的情绪通道上设置"闸口"，让自己对家人的负面情绪免疫。**

具体操作上，你可以采取"**一界定、二整理、三设想、四执行**"的 4 步策略。

一界定。 你先思考一下，目前在家里你最放心不下的人是谁？他们表现出的哪些情绪最让你心神不宁？然后试着用一种形象来代表家人身上这些让你心神不宁的情绪，并给它起个名字。以下是一个示例。

Q▷ 在家里我最放心不下的人是谁？

A▷ 妈妈。

Q▷ 他们表现出的哪些情绪最让我心神不宁？

A▷ *每次她叹气时，我就感觉特别烦躁。*

Q▷ 用一种形象来代表家人身上这些让我心神不宁的情绪。

A▷ *红色仙人球。*

二整理。 接下来你需要回忆一下，家人身上让你心神不宁的情绪对你产生了哪些影响？每次它们出现时，你的反应是什么？其中哪些反应对你是有帮助的，哪些反应对你是没有帮助的？继续上一个示例。

Q "红色仙人球"对我的影响是什么？

A 让我立刻开始担心自己是不是又做错了什么惹妈妈不高兴的事。

Q 我对它做出的没有帮助的反应是什么？

A 我变得很烦躁，冲妈妈发脾气。

Q 我对它做出的有帮助的反应是什么？

A 有一次我尝试说服自己"妈妈不开心跟我没什么关系，别紧张"，然后继续做自己的事。过一会儿妈妈就好了。

三设想。试着设想一下，如果你找到一种理想的状态去处理自己和这些情绪的关系，那会是怎样的？那时的你看上去会有什么不同？如果到时候家人的这些情绪再度出现，你会有哪些不一样的反应？继续前面的示例。

Q 以后如果找到一种理想的状态来对待"红色仙人球",那会是怎样的?

A 我会把它放一边,用一只眼睛看着它,另一只眼睛关注我自己的事。

Q 那时的我看上去会有什么不同?

A 单独和妈妈相处时我会更轻松。有合适的话题就和她聊一聊,没有就自己看手机。

Q 到时候妈妈再叹气,我会有哪些不一样的反应?

A 我会简单地问妈妈一句:"你还好吧?"如果她没说什么,我就再补充一句:"有什么事直接跟我讲。"然后继续做自己的事。

四执行。在接下来的生活中尝试执行你在第三步中想到的方法,根据效果再做调整。

反复尝试上面的方法后,你可能会慢慢觉察到:虽然我依然能感觉到家人的喜怒哀乐,但情绪上的波动比以前小很多。

5.

把父母的婚姻问题还给他们

"父母一吵架就拉我去给他们当裁判，非要我给他们评谁对谁错，烦啊！"

"一看到父母吵架，我就很担心他们，就忍不住想要插嘴掺和。我知道这样不好，但就是没法不在意他们。"

"我妈妈就像祥林嫂，没事就跟我吐槽我爸爸。我每次都要花好多精力去安慰她，好累！"

"我特别怕自己的婚姻像父母那样整天争吵，所以我不敢结婚。"

父母矛盾中的"夹心人"

上述这些"被牵扯进父母婚姻矛盾"的情况，许多人可能都经历过，他们的感觉大多不太好。一方面，我们可能并不想管父母之间的那些"家务事"；但另一方面，作为子女，我们又没办法置他们于不顾而独自潇洒。总之一句话，内心充满矛盾和纠结。

有时，我们甚至会为父母操心到茶饭不思、无心学习、抑郁或焦虑的程度

这种父母之间存在没有解决的婚姻冲突，并且把孩子也牵扯进来，最后三个人都不开心，甚至没法好好过日子的情况，被称为"三角化"。而那种主动跳进父母婚姻冲突"火坑"的孩子，或者被拉进父母的婚姻冲突并和父母搅和在一起的孩子，我们称其为"被三角化"的孩子。

读到这里，有人可能会困惑："天底下有矛盾的夫妻多了，难道夫妻吵架就一定会给孩子带来伤害吗？"当然不是！这里我们说的是夫妻之间"没有解决"的冲突。也就是说，夫妻之间有矛盾，但如果他们可以就事论事、理智而彼此尊重地协商解决，那么这种矛盾不但对孩子的成长无害，反而可能有益。因为这样，孩子可以通过亲眼看到父母解决矛盾和达成妥协的过程，学会在自己和他人的意见不一致时怎样求同存异地解决问题。

伤人的"三角化"

相较而言，如果夫妻使尽浑身解数都解决不了婚姻冲突，同时这些冲突又让他们内心产生强烈的不甘、愤怒和无奈情绪且无法释然，往往就比较棘手了。此时，如果父母双方分化程度都比较高，能坚守"不管怎么说，咱们的事不要牵扯他人"的原则，或许孩子还能幸免于难。但如果夫妻双方有一方甚至双方都不成熟，动辄让自己的情绪泛滥，把婚姻冲突造成的不良情绪发泄到孩子身上，那苦的可就是孩子了——孩子没法不理会父母的情

绪，但又没办法帮助父母解决他们之间旷日持久的婚姻内战，所以困于其中，不断挣扎。不管也不是，管又管不了，最后就容易让自己精疲力竭。这就是无数被三角化的孩子所面临的"一辈子的痛"。

可能有的人会反对："老话说得好，'儿行千里母担忧，母行千里儿不愁'，许多孩子其实并不那么在乎父母的婚姻关系好不好。"此言差矣！

有人曾专门研究，如果孩子目睹父母争执的整个过程，那他们的身体会有什么样的反应。结果发现，不管儿童、青少年还是已经成年的子女，在看到父母争吵时心跳都会急速加快，体内激素水平会明显紊乱。而且，经历了父母婚姻冲突的孩子长大后患心脏病、癌症的风险及出现心理问题、犯罪和婚姻不幸的风险，都会比那些父母婚姻幸福的孩子高很多。天下没有孩子不在乎父母的婚姻是否幸福，只是他们愿不愿意表现出自己的在乎而已。

你先冷静冷静，你再激动，我就要累死了。

突出"父母矛盾重围"的6种尝试

不同的孩子"掺和"父母婚姻冲突的"套路"不尽相同，大概包括以下6种：与父母一方结盟；忠诚分裂；默默担心父母；孩子自责，认为一切都是自己的错；被赋予过高的期待；做父母的心灵天使。

1. 与父母一方结盟

有的父母在婚姻里斗不过对方，就会拉孩子过来与自己结成同盟军，一起对抗对方。有时候，孩子甚至会主动选边站队，与父母中的一方结盟。孩子有可能和妈妈结盟，也有可能和爸爸结盟，这更多取决于孩子情感上更同情谁（当然也和文化差异有关）。有时候，孩子与父母一方光明正大地结盟，有时则可能因为忌惮另一方的感受或威力，只敢暗暗地为他们同情的那一方提供支持。

但不管明确支持还是暗暗结盟，身处其中的孩子可能都会有"真心很累 + 牵肠挂肚"的感觉。他们的心思可能有一大半都花在与他们结盟的那一方身上，总担心自己不在时结盟方会被对方"欺负"，而没办法安心地追逐自己的幸福和梦想。同时，对被同情的那一方，孩子可能还会有一种"哀其不幸、怒其不争"的矛盾心情。

2. 忠诚分裂

在这种情况下，孩子会感觉自己被夹在父母中间，两个人都要他向着自己。妈妈说："你是我生的，你得向着我。"爸爸说："我是你爸爸，你得帮我。"对孩子来说，手心手背都是肉，不知道该护着谁才好。于是，孩子就像一根橡皮筋，被父母拉扯着，痛到撕心裂肺，想帮帮不了，又不能弃他们于不顾，因为孩子深知自己可能是维系父母关系的唯一纽带。

3. 默默担心父母

有时候，孩子能感觉到父母在婚姻里的煎熬，甚至担心他们哪天会突然分开，家庭最终破碎。但这种担心就像一个不能说的秘密一样，一直埋藏在孩子的心底，生怕一切挑明了，父母的关系就真的分崩离析了。这种想说却不能说的感觉最让人煎熬，它会让人变得易怒、冲动、抑郁、不思生活，甚至有轻生的念头。

4. 孩子自责，认为一切都是自己的错

我也见过不少父母，他们作为夫妻可能早就跟对方无话可说了，但因为有孩子，所以就算他们平日再不想理睬对方，作为父母，他们还是必须就孩子的养育和管教问题与对方沟通。但因为他们平时本来就不论谈什么都会演变为争吵，所以在谈到跟孩子教育有关的事情时，大多也会发展为争吵。这就会形成一个假象：夫妻平时似乎可以和平共处，只要涉及孩子的教育就会争吵。甚至家里人都会这么认为。

这样一来，孩子可能就成了父母婚姻冲突的"背锅侠"。其实，不是只有孩子的教育问题会让父母产生冲突，而是孩子的教育成了这对本就谈不拢的父母争吵的另一个战场。如果孩子处在这样的环境里，可能会觉得很委屈，甚至可能怀疑自己活着的价值："他们每次都为了我争吵，难道一切都是我的错吗？如果我的存在让他们那么不开心，那我活在世上的价值又是什么呢？"

5. 被赋予过高的期待

很多时候，父母可能对自己的另一半和婚姻失望透顶，于

是，他们可能会把寄托在婚姻里的求而不得的人生梦想、达不成的抱负及未被满足的感情需要全都转移到子女身上。这样的父母可能会对子女的学习和生活过度关注，让子女感觉"压力山大"，喘不过气来。

6. 做父母的心灵天使

有时候，当看到父母过得不开心时，孩子本能地想成为他们心灵的"天使"和"婚姻咨询师"，想安慰他们。但这样的角色本身不但极其消耗心力，而且容易让孩子变得过度小心谨慎，时刻关注父母每一个微小的情绪反应。在努力完成这一项不可能完成的任务时，孩子可能真的没有精力，也没有办法放手追求自己的人生目标了。

4步法"为爱寻找出路"

你可以根据自己的成长经历和家庭情况，看看上面提到的几种情况是否在你的家庭里曾经出现或正在上演。接下来，如果你发现自己正在被卷入父母的婚姻冲突并因此而苦恼，那么可以尝试运用下面的4步法来摆脱。

1. 厘清自我身份

尝试在内心清晰而坚定地告诉自己：我只是父母的孩子，不是他们的婚姻咨询师，也没法成为拯救他们婚姻的天使。即使我做不到这些，也不代表我不爱他们，我只是纯粹地以子女的身份在乎他们、爱他们。

2. 整理思路，量力而为

在理想状态下，在看到父母发生冲突时，我们能不插手就不插手，但有时候这是不可能的。所以，建议你试着在脑海中整理一下，在自己的时间和精力能承受的范围内，你能够为处于婚姻冲突中的父母提供的最大限度的情感和现实层面的回应是什么样的：是每次他们跟你吐槽时，你在语言上给予一些安慰，还是从时间上给予他们一些陪伴？

3. 把父母的婚姻矛盾还给他们

在上述基础上，记得每次在语言上安慰父母、提供力所能及

的陪伴后，坚定地鼓励他们：我相信你们有能力解决你们的婚姻问题。即使我没办法帮助你们解决，但我还是你们的孩子，你们始终是我的父母。我们的亲情不会改变，我始终爱你们。

4. 看看自己的未来

想一想，计划一下，你从父母婚姻冲突里抽身出来后，你真正想做的事情是什么、想追求的目标有哪些？可以先找三件最容易实现的事情开始着手。

把父母的婚姻问题还给他们，这不是一种置他们于不顾的冷漠，更不是对他们的背叛，而是帮助他们和自己脱困的必要途径。

> 希望大家都能把父母的婚姻冲突还给他们，纯粹地以子女的身份去爱他们。

6.

与家人进行无障碍的情感交流

家人是我们前行路上的支持者，让我们可以笃定前行的脚步。而有时，与家人的情感纠葛又让我们心烦意乱。

情感纠葛

不知你有没有过这样一些感觉？

和某个家人只要一说话，不管说什么事，都容易演变成争吵。因为吵得太厉害，问题又解决不了，索性就完全屏蔽对方，切断和对方的一切交流，好像对方完全没有在你的生命中出现过一样。

但是，如果对方因为某个偶然的机会和你有了哪怕一点点互动，你内心那根最敏感的弦就很容易被拨动，他的某句看似平淡无奇的话、某个无心的动作、某个微小的表情就会让你大发雷霆。

事后你自己可能都觉得奇怪："我明明已经那么久不和他联系了，原以为他于我而言已经不重要了，为什么一看到他，我就'原形毕露'了"？

情感阻断

我们往往因为和家人纠缠得太深，冲突太激烈而忍无可忍，觉得已经没办法和对方再相处下去了，所以不惜一切代价逃离对方，切断跟对方的一切联络，以求获得暂时和表面的安宁。心理学用"**情感阻断**"一词来指代这种情况。

在这种时候，一家人看上去很和睦，不吵也不闹，但在表面的和谐之下则是暗流涌动。你会感觉自己和家人之间的空气里似乎都弥漫着一种随时会"爆炸"的紧张气氛，随时可能因为某人的某个行为而被"点燃"。

身处这种"情感阻断"的关系中，我们其实一点都不会感到轻松，随时都在担心因为说错一句话或做错一件事要么让对方"爆炸"，要么自己"爆炸"。真是步步惊心，耗神又耗力！所以，如果一个人长期和家人处于情感阻断的状态，那他的情绪和健康状态一般都不会太好，有抑郁、焦虑这些心理问题的概率也比较高。

双方休战一个月后

你怎么乱着头发就出来了。

你个刻薄鬼,永远只看我的缺点,我今天非"消灭"你不可!

你又发什么神经,小气鬼!

情感阻断 3 法

在现实生活里,我们可能会采取 3 种方法阻断自己和家人间的交流。

方法 1,物理阻断

当我们实在受不了某人时就干脆躲得远远的,如搬出去住、专门挑选离家远的大学、找工作从北半球逃到南半球等。这种方法虽然能帮我们换回一时的"解脱",但只要我们和那个让我们又

离家 12 000 千米
读大学。

妈妈

我妈妈又要开始闹了,准备战斗!

爱又恨的人"江湖再见",埋藏在双方心底的陈年"旧恨"可能会被瞬间点燃。

方法 2，交流阻断

当我们没办法和某人在物理上拉开距离时,就会尽量减少在日常生活中和对方的交流。例如,回家就锁上卧室门不和父母说一句话,在微信和微博里把父母拉黑,逢年过节也不和父母联系。同样,这种方法也只是帮我们换来一时的安宁。

方法 3，自我欺骗

好多家庭会在外人面前表现得一团和气,似乎一切"都挺好",其实平日在家"相敬如冰",矛盾重重,家人之间没有话可

妈妈　　　小美（中年）　　女儿　　　丈夫

我们家都挺好。

真羡慕你们。

为了把日子过下去,我只能欺骗自己。

朋友A　朋友B

说，还不如在外面合租房子的室友相处得愉快。有趣的是，这种"自我欺骗"或只求一时表面平静的情况，在国内的家庭里特别多见。

3 步消除情感交流障碍

看到这里，你也许会说：人生苦短，我真的不想像上面讲的那样永远和家人卡在"情感阻断"的状态，了此一生。那么，我该怎么办呢？我的建议是执行"先**理关系**，再**坚定表达**，最后**生活退守**"3 步，消除情感交流障碍，实现顺畅流通。

第 1 步，理关系

找出那些和我们"情感阻断"的家人，以及和他们交流时的"阻断点"在哪里。具体操作上，你可以想一想，现在身边和你关系亲近的家人里，有哪个（些）人让你产生了上述"情感阻断"的感觉？接着再整理两点：对方身上的哪些地方是你能接受的？哪些行为会触碰你的底线，让你无法接受？

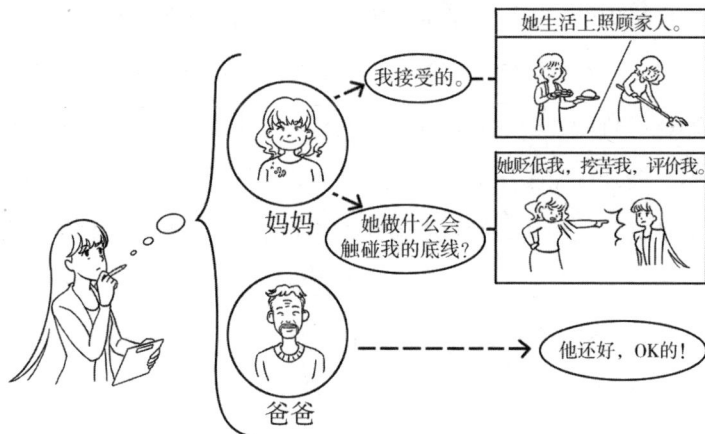

57

第2步，坚定表达

在你厘清对方做的哪些事情会触碰自己的底线后，就可以在对方再做类似事情时，尝试用尽量简单和清楚的言语，镇定地向对方说出自己的感受、需求和底线，坚决维护自己的利益。

你不用担心表达得太简单对方会理解不了，因为无数实践证明：镇定而清晰的表达所传递的信息远比情绪激动的大声表达或歇斯底里的大吼大叫更具穿透力和冲击力。

第3步，生活退守

如果你已经反复尝试了上述方法，但仍然达不到你想要的沟通效果，那么就后续如何做你可能需要考虑以下问题：我可以怎样照顾好自己，尽量过好自己的生活？与让我又爱又恨的家人相处时，我准备在哪些事情上和对方保持最低限度的联系？我能接受的最低限度的联系的频率和方式是怎样的？例如，平日把精力专注在自己的事业、学业和感情上，只是逢年过节给对方发一条礼节性的问候短信，或者只通话几分钟。

愿大家和家人的感情交流都能变得轻松自在。

7.

与同胞互惠而有爱地相处

在前文中，我讲述了怎么改善与家中长辈们的关系。我们现在换个角度，看看与兄弟姐妹的关系对我们的影响。

不同排行孩子的性格特点

我们首先需要明白，家庭里排行不同的孩子各自有什么样的性格特点。

老大的特点相对鲜明

一般他们从小除了是爸爸和妈妈的孩子外，也会承担一部分协助他们管教和照顾弟弟、妹妹的工作。这种双重角色可能会让弟弟、妹妹觉得他们既像大哥或大姐，也像另一个年轻版的爸爸或妈妈，这就是老话讲的"长兄如父、长姐如母"。

加上我国传统文化希冀老大要有担当，期待他们能够协助父母应对生活中的各种挑战，多干活儿，遇事要顶在弟弟、妹妹前面，不能退缩。所以，我国多子女家庭里的老大从小除了会照顾人、遇事会本能地冲在前面之外，还会自然地把自己代入管理者的角色。

这种从小在家里养成的与人相处的风格也可能会在他们成年后的生活中延续，包括在亲密关系和工作中。在亲密关系里，老大对待伴侣可能会像从小对待弟弟、妹妹一样，很多事会为对方考虑、为对方安排好，凡事都希望对方听从自己的安排，倾向于替对方拿主意。

在工作中，老大可能更倾向于选择管理类岗位，因为管理人是他们熟悉的领域。他们更习惯于在工作中做决定，遇到挑战和工作任务会本能地想，"我得顶住，我顶不住后面就没人了"，因为这能让他们找回从小熟悉的感觉。

老幺的特点相对多样

俗话说：皇帝爱长子，百姓爱幺儿。一般老幺从小就受到父母和哥哥姐姐的关注、疼爱和照顾，更习惯凡事由他人为自己安排和拿主意，所以在某些事情上他们自己的主张相对比较少，如职业选择、婚姻安排等。

因为老幺不仅不用像哥哥姐姐那样为父母和家庭承担很多责任，还会得到比较多的关爱，所以他们从小就有更多机会和精力发展自己的自由思想和兴趣爱好。与家里的其他孩子相比，他们的想法会显得天马行空、自由不羁。

因此，老幺可以说是集自由、反叛和顺从于一体的"完美矛盾集合体"，他们既有"长江后浪推前浪，要把前浪拍死在沙滩上""我不要你管"这样极具创造力兼冲劲、我行我素的一面，但同时也常会有"让他人替我做决定和安排，我躺平不动"的情况。

所以一般老幺长大后，要么会从事那种凡事不用自己操心，

"多面"老幺

可以按照规定执行的工作，如一辈子当个小职员；要么他们很可能从事那种有创造性和比较自由的工作，并且很可能取得非凡的成就，甚至推动整个行业的发展，因为他们身体里寄宿着渴望自由和创新的灵魂，如做艺术家、心理咨询师。而在感情里，他们可能更喜欢对方能照顾自己的感受，在生活上多关照自己，但同时也希望对方不要对自己的生活有过多的限制。

读到这里，你可能会想：一个家里的老大和另一个家里的老幺在一起，会不会就是"绝配"？因为一个喜欢照顾和管理人，另一个习惯于被照顾和被管理。而如果两个老大碰到一起过日子，是不是就会出现"火星撞地球"，争夺婚姻控制权的情况？如果两个老幺一起过日子，是不是就会谁都不照顾谁，日子过得一团糟？

有可能，但不是绝对的！在生活中，我既见过那种老大和老幺相遇，一个非要管，另一个非不让管，最后闹得不欢而散的婚姻。我也见过那种两个老大相互欣赏、彼此促进的"强强联合"的婚姻。同时，也见过两个老幺在一起后更加激发彼此的创造力，双方的生活过得更丰富、精彩的情况。

因为，影响两个人亲密关系质量的因素实在太多，绝对不是受"排行"这一个因素左右的。当然，哪些因素会影响两个人的感情，这个是后话，我们留到第二部分里再详细讲解。

排行中间的孩子则不太显眼

一般来说，排行中间的孩子既要服从哥哥、姐姐，又要照顾弟弟、妹妹。同时，与老大和老幺相比，他们得到父母的关注一般最少，习惯了"不被第一眼看到"的生活。所以，他们可能更习惯凡事牺牲自己的需要，掩盖自己的情绪，听他人的或者为他人着想。他们做人做事可能更遵循"稳＋皆大欢喜"的原则，在处理人际关系时更加小心谨慎、考虑周全。他们长大后多半会做一些中规中矩的工作，实干派很多，虽然可能会有抱怨，但多半是在单位里任劳任怨、干活最多的人，他们一般谁也不得罪，但同时也不太显眼。

> 我上有老，下有小，得听大师兄、二师兄的。

> 既得挑担子，又得喂白龙马师弟。

排行中间的沙僧：大家好，才是真的好

此外，同胞排行还有**其他更复杂的情况**，如兄妹、姐弟、兄弟和姐妹，这些不同的同胞性别搭配对个体的影响也不尽相同。例如，可能有姐姐的男孩更容易成为"妈宝男"，有弟弟的女孩更容易变成"扶弟魔"。这里因为篇幅限制，就不展开讲解了。

当然，上面讲的不同排行的孩子的特征并**不是绝对的**，每个孩子都有各自的独特性。例如，我见过不少家庭里是老幺挑大梁的，也见过一些家庭里老大不担事的，更见过一些排行中间的孩子在没被父母过度关注的情况下，反而不受太多拘束，得到自由发展，形成具有开创性的性格特点。

老二、老三也可以有担当

虽然我们本事不如大师兄，但有时候还是很靠谱的。

家庭排行本身并无好坏之分。就像这个世界既需要领导者，也需要实干家，同时也需要有创造力的人，家庭亦是如此。换言之，家庭里的每个孩子都很重要，一个都不能少！

超越排行的影响

针对排行对一个人的影响，我们再给身为老大、老幺和排行中间的朋友各自提一些建议，以期让大家都能过得更自在一些，也和自己的兄弟姐妹相处更融洽一些。

如果你是老大，记得采取"适当放权 + 看到他人能力"的原则，可以考虑把自己身上的担子分一些给自己的弟弟、妹妹及朋友和同事，同时尝试给他们更多的肯定和鼓励，让他们更有信心和意愿肩负起更多的责任。因为培养同胞能力最好的方法就是让他们亲身体验生活中的酸甜苦辣并对自己负责，这样，他人得到了成长，你自己背负的东西也会减少，这是一个对双方都有利的局面。

如果你是老幺，可以采取"**共情 + 找搭档**"的原则。发挥自己善于思考的能力和想象力，多想想身边亲近的人（包括哥哥、姐姐）的感受和需要，试着回应和照顾他人的感受，看看会有什么不同的结果。同时，在工作中，你可以在发挥自己创造力的时候与一些实干派的人搭档，这样你脑子里的奇思妙想"实现"的概率就会更高。

如果你是家庭里排行中间的孩子，记得采取"**照顾自己 + 弹性**"的原则。在照顾他人的感受时，也多为自己着想，尝试多表达自己的感受和需要，适当地跟他人说"不"。同时，让自己在平

日的生活和工作中多一些灵活性，我们无法顾及所有人的感受，也不必对所有事都小心谨慎、步步为营。

父母的助力

最后，我们给二胎家庭也提一些建议。在二胎家庭中，很多老大会觉得弟弟或妹妹抢走了父母的爱，但老二又总觉得自己在体力、智力方面被哥哥或姐姐碾压，很多时候会急着要证明自己的能力和价值。所以，家有二宝的父母需要跟两个孩子反复强调："你们都很棒，而且是不一样的棒，对我们来说你们都是独一无二的。"然后，父母可以跟老大说："你不一定要事事都让着弟弟（或妹妹），但如果你愿意在自己有精力的时候照顾一下弟弟（或妹妹），我们当然会非常高兴。但即使你不愿意这么做，我们也依然爱你。"父母可以跟老二说："你要学会尊重哥哥（或姐姐），有时候对方不愿意给你的东西，不要抢，可以跟爸爸和妈妈说。你也要知道，你和哥哥（或姐姐）是不一样的，你有自己的优点。"

限于篇幅，"同胞关系"这个话题就谈论到此。祝愿家有兄弟姐妹的朋友都能找到和自己的同胞互惠有爱的相处之道。

同胞是唯一会和我们从小走到老的人。善待他们，也是善待我们自己。

8。

与家族传统和平共处

　　你是否有过这样的感觉：自己的某个生活习惯、喜好、做事方式或想法在原生家庭中的其他人身上也有体现，而且还在你们的家族里代代相传？这些所谓家族传统包含的范围十分广泛，小到平时爱吃什么、吃饭时每个人坐在什么位置、逢年过节时是否相互走动，大到结婚要选什么样的对象、家人有矛盾时怎么解决、人生价值定位、世界观等。

　　例如，有的家族代代出"学霸"，有的家族从未出过"学霸"；有的家族里的人感情都很丰富，有的家族里的人都超级"淡定"；有的家族里代代都是女性做主，有的家族则都是男性做主；有的家族里每个人都喜欢跌宕起伏的"快意"生活，有的家族里的人都喜欢悠闲安逸的平静生活；有的家族里长辈都喜欢指出孩子的不足，有的家族里长辈都喜欢夸奖孩子。

让人又爱又恨的家庭传统

对自己不喜欢的一些家庭传统，我们可能想远离，所以在心里无数次告诉自己："我以后绝对不要像我家的×××那样！"而对自己认可的一些传统，我们不只有把它们发扬光大的愿望，更希望能让优良传统代代传承："我以后想要成为像我家的×××那样的人，而且希望我的孩子也是这样！"

有这种感觉其实很正常！我们不用因为自己是家里某人的"迷妹"或"迷弟"而觉得难为情，也不用因为自己不认同家族的某些观念而感到过度内疚，因为我们既是我们自己，也是我们家族的孩子。我们一面需要有自己的人生特色，另一面需要延续我们家族的某些传统，以此表达对家族的依恋和忠诚。

换句话说，**家族传统**其实是一个中性词。一方面，如果我们完全认同家族传统，想要把自己打造成和先辈们完全相同的样子，那不仅不可能，而且会让我们没有机会发展属于自己的能力和特

曾曾曾曾曾祖父　　　　　曾曾曾曾曾孙子

长。这样的我们可能在心理上就永远是父母的孩子，就像家庭的附属品，没法成为一个在精神和行为上能够独立的成年人。这与人类的进化相悖。

另一方面，如果我们完全不认同家族传统，各方面都想特立独行，那也行不通。因为这样的我们会感觉自己像飘在风中的树叶，与家人没有情感联结，也没有归属感。这样的家族可能过不了多久就会在进化的长河里被淘汰。

给家族传统分类

在生活中，不少人难以在**对家族传统的承接**和**自己的特立独行**之间找到平衡，无法"既做好自己，又做好家族的一员"，因此感到痛苦和挣扎。

如果我们按照**认不认同**和**实际有没有发生**两个标准对我们接收到的家族传统进行分类，那么家族传统可以分成四类。

A 我认同，并且已经发生的家庭传统

"我希望自己像爷爷、爸爸和妈妈那样靠一技之长吃饭，而我也做到了。"

B 我认同，却没有发生的家庭传统

"我希望自己像爷爷、爸爸和妈妈那样当'学霸'，事实上我却是'学渣'。"

C 我不认同，但已经发生的家庭传统

"我不希望自己成为奶奶、外婆和妈妈那样强势的女人，但长大后我却成了'她们'。"

D 我不认同，也没有发生的家庭传统

"我不希望自己像我的家人那样走仕途，实际上我也没那么做。"

在这四类中，A 类和 D 类情况一般没什么大问题。因为 A 类那些我们想继承的家族传统已如愿实现，相当于梦想成真，自然不必纠结。而像 D 类那些"我不认同，也没有发生的家族传统"，在生活中并不会对我们产生什么影响，随它去就好。

但 B 类和 C 类情况就容易让我们纠结。以 B 类"我认同，却没有发生的家族传统"为例。此时，我们容易感到自己好像辜负了家族的"优秀血脉"，觉得自己好像亏欠家人，会对家人产生内疚感。例如，爷爷和爸爸都是同龄人里的精英，但到孩子这一辈没有继续上演"老子英雄儿好汉"的剧本，反倒是因为先辈们太强，从小给孩子设置了太多条条框框，扼杀了孩子发展的自主性，结果可能出现"老子英雄儿混账"的反转。家族里的大人们接受不了这个现实，平日一看到孩子，轻则唉声叹气，重则责备挖苦。孩子自己也接受不了现状，他也想像祖辈那样成为精英，奈何能力不济，加上从小一直达不到家族期待而让家人和自己失望，已经实在燃不起奋斗的勇气。他的内心充满了对自己的不满、对家族的内疚、对前途的绝望，最后在愤懑、自责和不安中可能会得抑郁障碍或焦虑障碍。

C 类"我不认同，但已经发生的家族传统"则可能会让我们有一种被家族的"咒语"绑架，"想要飞却怎么也飞不高"的宿命感和无奈感。举个例子，一个女孩从小成长在一个"阴盛阳衰"的家族里。这个家族里的男性要么不务正业，平时遇事撑不起场面，事事都要家里的女性出头，总之，这个家族里的每一代男性大部分都是"废柴"。而这个家族里的女性要么精明能干，要么性情泼辣，总之，这个家族里的每一代女性都是"顶梁柱"。

这个女孩从小在家族里耳濡目染，对家族中的男性怒其不争，哀其不幸，发誓"我长大以后绝不嫁给像爷爷和爸爸那样没用的男人，一定要找个有本事的男人"。同时，她也对家族女性强势的做派不认可，觉得这种"什么都要负责"的生活方式很累，发誓"我长大以后绝不像奶奶和妈妈那样什么都要管"；但是，从小看着家里的女性对男性的强势态度，又让女孩养成了一种和男性相处时就把自己摆在"教育者"位置上的习惯。同时，所谓有样学样，因为从小习惯了像家族里的女性一样为男性操办许多事情，女孩也慢慢变得越来越像自己的奶奶和妈妈，家里事事都要做主。

这个女孩的内心充满了矛盾和纠结：她一面看不上像家族里的男性那样"精神上被阉割"的无用男；另一面却像中了魔咒一样会被这种可怜的、没用的、需要被"管教"的男性所吸引，因为和他们相处能让她感受到自己家族里"熟悉的味道"。

长大后，我就成了你

这类女孩的丈夫可能来自另一个相似的"阴盛阳衰"家族。他也有相似的矛盾和纠结：一面不喜欢强势的女性；另一面却因为从小就习惯了被女性管束，凡事自己不做主、不操心，所以长大后又容易被那些像自己家族里的女性一样"厉害"的女孩所吸引。

最后，这两个人可能就会走到一起，过上不停抱怨，又"难分难舍"的婚姻生活。男方一面说不要妻子管；一面又经常做出各种让妻子不得不为他操心的行为。女方一面说不想管丈夫，想让他快点成才；一面又在日常生活中对丈夫做的任何事都要点评和纠正。最终，一个管的越多越能干，另一个就越什么都不管越无能，从而形成一个双方"共谋"的、谁都摆脱不掉的、如魔咒般的恶性循环。

这就是为何"很多人长大后成了那个自己不喜欢，却又在心中默默认同的父/母的样子。同时，又找了一个自己原本不想找但又和自己的异性父母很像的伴侣"。这就是"我不认同，但已经发生的家族传统"对婚姻的影响。

与家族传统和平共处

如果家族对我们的影响停留在没有被意识到的、若隐若现的混沌状态，那么我们更容易感到痛苦。所以，为了让自己跟家族传统和平相处，我们需要做三件事。

首先，**整理家族传统**。大家可以用前文所述的给家族传统分类的两个标准，整理一下自己接收到的家族传统可以归为哪些类别。完成这一步，你可能会对困扰你的 B 类和 C 类家族传统形成更清楚和更理性的认识。

其次，应对 **"认同却没有发生"** 和 **"不认同却已经发生"** 的家族传统。试着思考和计划，如果要对 B 类那些 "认同却没有发生的家族传统" 不再感到那么纠结，我接下来具体可以做哪些调整，具体可以做什么事让这些 "没有发生的家族传统" 发扬光大？同时，对于那些 "不认同却已经发生的家族传统"，我可以做哪些调整，以便让自己既能有些空间过自己想要的生活，又不至于让家人觉得我太过分？你可以把思考的结果记录下来，然后选一个在目前看来最容易实施的改变开始做起。

最后，**关注和发展自己的个性**。现在你已经清楚了原本让自己困扰的家族传统，也想到了接下来应对它们的一些方法，那接下来要做的就是把注意力集中到自己身上，想想以下几个问题。

我自己发展出来的和家人都不一样的个性特点有哪些？

例如，"我做事专注，且能够坚持。""我的想法更有创意。"

将来我会继续发挥的个性特点有哪些？

例如，"我要持续地发挥自己的创造力。"

我具体打算怎么做？

例如，"我要写一本图文并茂的心理健康科普书。"

最后要澄清的是，我们做这些的目的不是与家族传统完全"说再见"，而是让我们能与它们和平共处，让我们和家人保持既亲密又独立的关系。

9。

与家族期待和解

每个人的生活都不可能尽如人意，这些遗憾会转换为心愿传递给下一代。如果下一代依旧没有实现这些心愿，可能会再传递给下一代，如此循环往复。

家族期待是种情感联结

每个家族多少都有一些从祖上几代人传下来的、没有完成的心愿，希望家族里的后代可以代为完成，这便是"家族期待"。所以，我们每个人身上或多或少都肩负着家族未实现的"梦"。即使你的父母说"我们对你没有期待，只要你活得开心就好"，"活得开心"其实也是一种期待，因为基本上没有人一辈子活得无忧无虑。

家族期待是一个中性词，它让我们觉得自己是家族的一员，和家人有情感上的联结，让我们觉得自己不管走到哪里，身后都有家人的关注，让我们不会感到孤单。

不适当的家族期待

家族期待除了具有情感联结的部分，可能也会让人颇感压力。关于家庭期待，如果出现下面五种不适当的家族期待，可能我们的日子就不那么好过了。

第一种，**家族期待过重**，远超我们的能力和资源储备。例如，现在很多父母自己已经是"白骨精"（白领、骨干和精英），在世界顶尖企业任职，希望孩子以后比自己取得更高的成就，所以从孩子上幼儿园开始就疯狂"打鸡血"，如此持续多年，让孩子不堪重负。又例如，某家族祖上是达官显贵，结果到了某一代没落了，但这个"复兴家族"的梦想从未熄灭，一代代往下传。家族里的老人和父母一天到晚在孩子耳边念叨，往往会让孩子不胜其烦、不堪重负。

第二种，**不同家人给的期待相互矛盾**，类似于"爹要你往东，娘要你往西，并且爹和娘还常因为意见不合而争执不休"。这样的情况容易让我们陷入对家人的忠诚冲突中，不知道该听谁的，似乎谁的都不能不听，也不能全听。

当"**不同家人给的期待相互矛盾**"时，我们可能也更容易走极端。要么谁的都不听，选一个和所有家人的期待都不搭边的职业发展方向或生活方式；要么想顾及所有家人的期待，摇摆不定，前后矛盾，最后蹉跎了岁月，生活过得迷迷糊糊。

第三种，**家族期待与我们自己的意愿相矛盾**。例如，你想去外企工作，家人非要你当公务员；你想学文科、当编辑，家人却要你学理科、当工程师；你想和自己心仪的恋人在一起，家人却要你与他们看中的人过日子。并且，你和父母还因为这些事搞得极不愉快，你感到极其矛盾——既想听从自己的心意，又怕不遵从父母的愿望会让他们伤心。这就是忠、孝、爱不能三全。

第四种，**感受不到家族期待**。这种情况指家人对我们完全不抱任何期待，好像我们过得好不好对他们来说无所谓。我们可能会有一种"我就像空气，没人看到我。我命如蝼蚁，没人在乎我"的感觉。

有的人可能会说："这样不是挺好的吗？没人管，自由自在。"其实不然！就像前面讲的，家族期待是一个中性词，它代表了我们和家人之间的情感联结。如果我们活在世上不被他人在乎，那和随风飞舞的无根树叶没什么区别。就像把你放在一座孤岛上，虽然所有事情都有人帮你安排，但没有网络、电视机、电话，也没有人陪伴你，没有人和你联系，估计绝大部分人都不会接受这样的生活吧，因为这种发自内心的孤独感和不被看到的感觉，才是最让人难以忍受的。

以一个出生在重男轻女地区的女孩为例。她的家人从她小时候起就把所有关注和期待都放在她的弟弟身上，一天到晚就跟弟弟说："你是咱家三代单传，以后都靠你了。"弟弟在众人的过重期待里紧张得喘不过气来，心想："多希望家人像对待姐姐那样，也给我一些自由宽松的成长空间。"这个女孩却被冷落在旁边，无人在意，形单影只，心底的期盼与弟弟的迥然不同："多希望家人像对待弟弟那样，也给我一点期待。"这就是所谓"旱的旱死，涝的涝死"。

第五种，**我们没机会离家去执行家族期待**。这种情况可能最让我们感到憋屈，因为家族赋予了我们期待，我们自身原本也有能力、有意愿承接家族期待，但由于某些原因，我们没机会去实现家族的抱负，结果让自己和家人都空留遗憾。

例如，一个三代单传的男孩，他天资聪颖，学习努力，从小家族里的人都跟他说："你是我们家族里最聪明的人，我们家族的兴旺就全靠你了。"他不负众望，考上了国际名牌大学，但正准备展翅高飞时，突然得了白血病，让他没有办法出去大干一场，实现家族梦想。这种结果让全家人徒留遗憾："上天对我们家真是不公！"这个男孩可能也会极度自责："都怪我，我恨自己，为什么偏偏在这时候生病呢？"

又例如，某个家族本来是经商之家，家族生意经过祖辈和父辈打拼后蒸蒸日上，儿子也继承了家族的经商头脑，本来准备大学毕业后大干一场，结果突然遭遇金融危机，家道中落，让他延续家族生意的愿望难以实现。

不适当家族期待的应对策略

如果作为家里的孩子，你正在面对**"家族期待过重"**这种情况，建议采用**"接受遗憾，尽力而为"**的策略来应对家族期待。就是先接受"有的家族期待我确实做不到"这一遗憾，然后告诉自己"这是家族的遗憾，而不是我的遗憾"。最后，如果你还觉得内疚，不妨尝试在你"稍微踮起脚就可以够得到"的努力范围内，做一些你能做的事去满足家族期待。例如，父母希望你成为大富豪，或者要求你"先实现一个小目标，先赚一个亿"，而这些远远超出你的能力范围，那你可以尝试在力所能及的情况下，运用现有资源做一些能让你衣食无忧的小生意。

如果你面对的是**"不同家人给的期待相互矛盾"**这种情况，可以采取**"清楚自我需要、雨露均沾"**的策略。首先弄清楚自己想要什么，家人提出的哪些期待是自己绝对不想碰的。然后，在保证能做自己想做的事，又不那么厌恶的前提下，适当满足不同家人的期待，让家人觉得自己的心愿都被你照顾到了。

小强从小身体强壮，又很有表演天赋，家人都很关心他的发展。

当演员，你以后一定会成为明星。

打球吧，你一定会成为球星

小强不想辜负妈妈，但也不想让爸爸不开心。
经过多年的努力，小强终于做到了都不亏欠。

热播电视剧
《篮球小子》主角

影帝中的MVP

当**家族期待与我们自己的意愿相矛盾**时，建议采取"**考虑现实、尊重自己、打折满足**"的策略。就是先考虑自己的愿望实现的可能性有多大，如果实现的可能性很大，建议尊重自己的愿望为先，对父母的愿望稍微打点折，满足部分就可以了。例如，父母希望你当医生或护士，觉得这样有一技之长，在医院工作也稳定。但你觉得学医太辛苦，风险又高，自己倒是对机器、技术之类的感兴趣。最后，你选择了医学影像学，毕业后每天给病人拍片子、写报告，或者修理、改进医院的影像设备。这样你和父母皆大欢喜。

多年后

会写书的医生

　　如果你感受不到家族期待，可以"**自我欣赏、善待自我、修炼成长、稳定联结**"。首先，坚定地告诉自己，"我是优秀的，是值得被善待的"，想想自己有哪些与众不同的地方。其次，生活里能对自己好一点的地方就尽量对自己好一点，例如，想喝奶茶，手里也有钱，买一杯也无妨。再次，在自己能力范围内努力，让自己变得更好。最后，和家人保持你能接受的、一定频率的联系，这样他们就有机会看到更好的你。同时请记住，你可以不必牺牲自己去讨好家人，做自己想做的"发光体"就好。

如果**我们没机会离家去执行家族期待**，可以尝试"**面对遗憾、替代性精彩**"。虽然不情愿，但我们还是要告诉自己：我原本的计划已经被打断了，虽然很遗憾，但只能面对当下的现实。而后，寻找还有哪些替代性的或"低配版"的实现家族愿望的方法。以那位因为生病未能读大学的男生为例。之后，他可以再找机会进入大学，继续深造。

用"关系轮"厘清家族期待

我们列出了五种不适当的家庭期待，也给出了相应的应对策略。最后给大家分享一种快速有效的方法，以帮助我们快速看清家族赋予我们的各种期待。

这种方法叫"关系轮"，具体步骤如下：

第一步，在一张白纸的中间画一个圆圈，代表自己；

第二步，在自己周围画上不同的圆圈，代表那些当下对自己来说重要的家人；

第三步，在每个家人和自己之间画一条线；

第四步，想一想，每个家人对自己的一个核心期待是什么，然后把它写在"我"和每个家人的连线上。

这时,你的"关系轮"就完成了。以下是一个关系轮示意图,供大家参考。

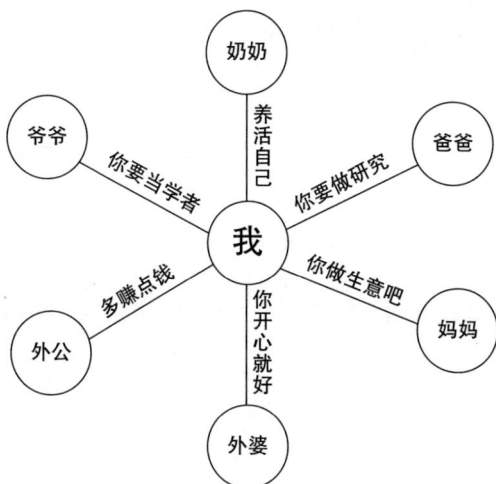

这样,你就可以在"关系轮"上直观地看到每个家人对自己的期待。然后你可以判断,自己接受的家族期待属于比较合适的,还是上文讲到的五种不适当期待中的某一种。最后,再参考我们上面提到的各种针对性的方法去处理。

愿大家都能与自己的家族期待和解,做更自在的自己。

10.

厘清与家人的"情感债"

大家平日在生活、小说、电影或电视剧中是否留意过下面的桥段?

场景一

母亲:这些年我把好吃的、好穿的、好用的全给了你,自己连一件漂亮衣服都舍不得买,就是为了给你一个好的生活条件。我为你付出了一切,结果你读书读成这样,工作也找不到。你对得起我吗?

孩子:别人家的父母都想方设法护着孩子,就你们,不仅在家数落我,还一天到晚在亲戚、朋友面前挖苦我、打击我,从没说过我一句好话。我现在成这样,都是你们害的。

场景二

父亲:我这么多年忍气吞声,挨领导骂,忍受你那刻薄的妈妈,就是为了让你有钱读书,为了给你一个完整的家,我做这一切都是为了你。结果现在让你和王姨家儿子结婚，让我能快点抱外孙，你就不愿意了？你真是不孝！

孩子：从小到大，你从来没有尊重过我，我就像你养的宠物一样，从来都是你想让我干什么，我就得干什么。我交的男朋友你看不上也就算了，还说那么难听的话怼人家。你从来没真正把我当人看过，我受够了！

场景三

父母：当初生你时，家里亲戚都说你是女孩，要我们把你送人，结果我们顶着压力留下你，省吃俭用地把你养大，现在让你出点钱给你弟弟娶老婆，你就不愿意了？再说了，你是姐姐，挣钱给弟弟花也是天经地义的事。

孩子：你们还好意思说！从小到大，你们把好东西全都给了弟弟，脏活儿累活儿全是我干。你们像"吸血鬼"一样，平时有好事想不到我，一缺钱了就来跟我要。你们从来没真的爱过我，到现在了还来道德绑架我。你们的良心不痛吗？

当看上面的对话时，你可能会觉得这些人怎么好像在谈买卖一样，一家人都在衡量到底谁为谁付出得更多，到底谁吃亏了，到底谁欠谁的。

"情感账本"

其实，我们每个人心中都有一本"**情感账本**"，其中记录着

"我为这个家付出了多少，我又相应地得到了多少"。如果一个家庭里大部分人都觉得自己为家庭付出的和自己得到的是平衡的，觉得按自己心里的"情感账本"，自己并未亏本，甚至还有盈余，那么一家人会相处和谐。或者，如果某个家人觉得不公平时，其他人都愿意耐心听他讲自己的诉求，并且愿意及时调整对待彼此的方法，在自己能力范围内尽量满足对方的诉求，"多退少补"，尽量让大家心里的"情感账本"都能维持在"盈亏平衡"的状态，那么这一家人多半会相处和睦。即使他们偶尔有冲突，也不会闹得很僵。

"情感债务"

但如果家里大部分人或其中某一个、某几个人觉得自己的"情感账本"记录显示自己入不敷出，认为自己付出了很多，却没有得到相应的回报，同时大家又不愿意开放地沟通，不愿意做一些事情来满足彼此的情感和现实需要，大家心里的"情感账本"记录都维持在一种"亏损"的状态，每个人都觉得自己持有待收回的"情感债务"，那么矛盾就容易出现和激化，甚至连日子都难以过下去。

这时，如果有的父母再来一句"我们做这一切都是为了你，你这样对得起我们吗？你这样就是不孝，没良心"，很多子女可能会抓狂甚至崩溃。因为在他们看来，**这句话是世上最让人无解的家庭"诅咒"**，直接把他们置于进退维谷的尴尬境地。一边是自己的需求，另一边是"不满足父母的需要就是道德沦丧和背叛家庭"的道德捆绑。处于这种左右为难中，子女很容易滋生纠结、痛苦和无奈的情绪。时间久了，这些情绪会渐渐地演变成对父母的愤怒，就像上述三个场景里的父母和孩子一样。

到了这种程度，可能家里每个人都觉得自己是"被亏欠"的那个人，都觉得是别人的错。例如，孩子觉得爸爸欠自己一句"对不起"，妈妈觉得孩子欠自己一句"谢谢"，爸爸又觉得妈妈欠自己一句认可。最后搞成"家庭情感三角债"，只怕包青天来了都无计可施，只能无奈叹息："罢了，罢了，清官能断家务事，你们家这些陈年旧账我断不了。"

"情感债务"的代际传递

有时候，在一代人之间没算清的情感债还容易传递到下一代人身上。这时，孩子可能会成为代替上一代某个家人（如觉得自己没有被丈夫和婆婆善待的妻子）向其他人讨债的"债主"。我们把这种情况称为"家庭情感债务的代际传递"。

"情感账本"的"盈亏平衡法"

大家看到这里，除了有很多感慨之外，可能还会问："如果我和家人之间也有些'情感债务'，该怎么办呢？"讲得专业一点，如果一个家庭希望维持良好的关系和功能，那么家庭成员必须能够开放地、真诚地就维持总体公平性进行协商，实现"情感账本"的"盈亏平衡"。

"情感账本"的"盈亏平衡法"包括**"两个听、两个说、开放谈、记红账和多输出"**。

两个听

两个听即一听自己，二听家人。

听自己指我们要先照顾好自己，听听自己心中"情感账房先生"诉说的需要：究竟我们心底的哪些需要没有得到家人的满足和回应。同时，请尽量把自己"情感账本"上所记录的需要具体化成看得见的行为。例如，"我希望父母在亲戚、朋友面前多夸奖我两句"就比"我希望父母更认可我"更具体，更易实施。

听家人，即找一个你和让你纠结的那个（些）家人都心情比较平静、时间比较宽松的时刻，大家尝试坐下来沟通、交流。请你先耐心地听对方心里的"情感账本"上记录的内容，了解对方希望你满足和回应的需要是什么。

两个说

两个说一是自己说，二是让家人说。

自己说指试着清楚、简单、就事论事地表达自己的需求。尝试用"我希望我们能够……""我很想看到……发生""我盼望你能……"这样的表达方式来讲述自己的需求，避免用"你必须……""我要你……""你为什么不……"这样带有命令性的和责问的方式。

让家人说指我们讲述自己的需求后，让对方心里的"情感账房先生"讲讲他的诉求。当然，如果对方讲话的语气、态度或内容让你觉得难以接受，你可以理智、清楚明了地及时叫停："虽然我很想听你说你的想法，但你说话的方式让我很不舒服。"

总之一句话，我们在表达自己的需求时要遵守"家庭情感对账公约"，即简单明了、就事论事、轮流说话、及时叫停。请记住，很多时候我们讲话的态度和方式往往比我们讲的内容本身更

重要。

开放谈

　　在大家都把各自的需求讲清楚后，接下来我们可以和家人就怎么满足彼此的需要开放地"讨价还价"，商量出一个能让大家心里的"情感账本"都维持"盈亏平衡"的行动方案。再直接点说，就是大家商量"我为你做了这些以后，我希望你能为我做什么作为回报"。不过，这里的"讨价还价"和做生意时的谈条件具有本质的区别，我们是带着对彼此的在乎和爱，以及真的想要和解的愿望与家人谈"情感的价钱"，而不是为了利用和压榨对方。

记红账

在接下来的日子里，留心观察和记录家人有哪些进步，以及之前你提出的哪些诉求被家人满足了。你可以把这些家人的"红账"记录在笔记本上或手机上，并且定期把你记录的结果反馈给家人，激发他们持续改变的动力。当然，你也可以主动邀请家人给你记"红账"，并请他们定期给你看，以激发你持续改变的动力。

儿子   妈妈

多输出

如果你感觉自己的需要被家人满足了，那么你在感到开心的时候，千万不要吝啬你对家人的称赞和感谢。同时，也不要吝啬向家人输出你的关心、陪伴和实际帮助（例如，帮妻子挑选一支她心仪的口红），其中，温暖体贴的话语必不可少。正所谓"爱要大声说出口，关心要大方秀出来"。当然，如果你还不清楚家人的具体诉求，可以回到前面的"两个听""两个说"，弄清楚对方的具体需要，然后再行动。

我们的心理都富裕了

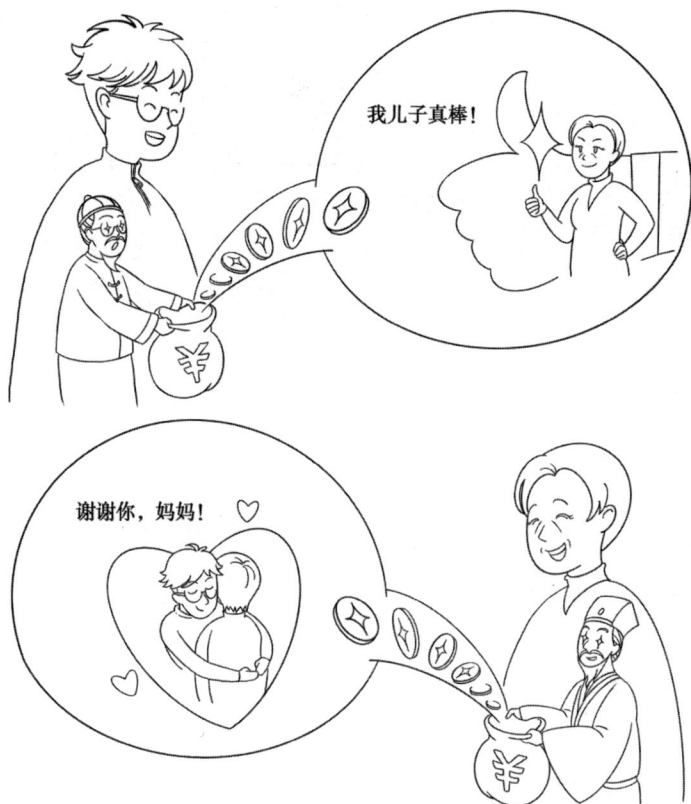

总之，要想让我们家庭的"情感账本"实现"盈亏平衡"，就必须接受一个原则：若想得到，就得付出。因为情感是相互的，

有来有往才能更持久。

愿大家和家人的
"情感账本"都有盈余。

"情感
账本"

第二部分

经营亲密关系

——不被爱情定义

在和原生家庭做好"分离"的同时，我们会面临一个新的议题：建立属于自己的亲密关系。虽然有时我们不愿承认，但如何经营好一段感情确实需要学习，包括怎样找到与自己般配的爱人、怎样体会爱人的心情、怎样表达爱、怎样让爱情保鲜、怎样与爱人共同成长，这里面的每一项看似简单，但要做好其实都殊为不易。而亲密关系之所以如此重要，是因为**"高质量的亲密关系让我们更健康、更快乐，也更长寿"**，这是哈佛大学成人发展实验室历时 70 年的研究得出的结论。在这一部分，我们就一起来学习亲密关系里的这些"必修课"，让"不被定义的人生"更精彩。

♥　♥　♥

爱情元素，助你拥有爱情

　　要讲怎么谈好恋爱，得先讲怎么样才能谈恋爱，也就是当两个人相遇时，要具备哪些基本前提条件才有可能建立起亲密关系。

爱情元素

　　有一位叫斯滕伯格的美国心理学家提出了构成爱情的三个基本"元素"：**激情、亲密**和**承诺**。

激情

　　激情指两个人相互吸引，对彼此渴望，在一起时情感和身体上体验到最火热、浓烈和浪漫的美好体验。与亲密和承诺这两种爱情元素相比，激情更偏性和身体欲望的成分。

　　你一见到他，就想要靠近他、拥抱他、亲吻他。一听到他低沉的声音，一看到他莞尔一笑，你就呼吸急促，心跳加快。他的手稍微碰到你的手，你心里就小鹿乱撞，全身每一个细胞都在激动。一时不见他，你就想他想得睡不着觉、吃不下饭。这就是激情。

激情对于我们和另一个人的邂逅是重要的，它能让我们感受到身体和情感上对另一个人的迷恋和极致的联结体验，会让我们生出"愿得一心人，白首不分离"那种对爱情的美好憧憬。

但是，激情持续的时间相对而言是短暂的，一般是半年左右。待激情慢慢褪去，要维持爱情的活力，就需要其他两个元素的参与了。

> 胡说！这可不是我惹的祸，是激情惹的祸。

> 我承认都是月亮惹的祸，这样的夜色太美，你太温柔，才会在刹那之间只想和你一起到白头。

亲密

亲密包括两部分，一是**分享**，二是两个人在一起时感到被理解、被陪伴的**温暖体验**。

分享就是你心里想的、实际做的、看到或听到的，不管是什么，都想要和对方说一说，或者让对方参与。

分享的内容可以包括方方面面。小到你每天遇到的日常琐事，例如，分享好喝的奶茶，马上发张图片给他，和他分享同一份外卖，用同一个杯子喝水；大到你想要和他"去看最远的地方，一起手舞足蹈地聊梦想"。浅到你会和他谈论每天吃了什么、喝了什么；深到你会和他分享藏在自己内心深处的秘密、恐惧和欲望，甚至是分享身体的一部分，跟他亲近。悲到你失业或失去亲人时想要第一时间找她倾诉；喜到你升职或获得梦寐以求的学位时，想第一时间发消息给她，跟她分享这"新鲜出炉"的喜悦之情。此外，你可能还会带她出席你的家庭聚会、朋友聚会和同事聚会，和她分享你的人际圈子。

分享的目的不为其他，就是想让这个人越过通常意义上的人与人之间的边界，全方位进驻你的生活，让他和你生活的每一个点滴都有联结，让他成为你生命的一部分。这样的联结本身就是一种新的依恋，会让你觉得不孤独，觉得不管你悲也好、喜也好，都不是一个人在面对。它会让你的悲伤和失落持续时间更短，也能让你对喜悦的回味更加悠长。

研究发现，那些对感情比较满意的情侣，日常相处中随时随地都在分享，最多的时候两个人平均每 10 分钟就有 77 次分享，而那些情感不幸的伴侣每 10 分钟却只有不到 20 次分享，甚至更少。所以，如果你追求一个人许久，她每次还是只给你简单的回复，也不跟你分享其他东西，这大多提示她对你没什么亲密感。

　　亲密的第二个维度是**相互陪伴的温暖体验**，即两个人在一起时觉得和对方有情感共鸣，总能想到一处。这种体验是暖暖的、心心相印、舍不得彼此的感觉，是"握着你的手，指尖传来你的温柔"和"我把你当作我的空气，如此形影不离，我大声说我爱的就是你"的感觉。如果激情代表的情感体验似一杯上头的烈酒，那么亲密陪伴代表的情感体验则似一杯回味悠长的陈年老酿。你不会时时刻刻有想喝它的冲动，却也离不开它。而且，分享和温暖情感这两者一般是相互促进的。伴侣间分享得越多，就越容易彼此理解，给到彼此的温暖体验就越多，两个人就越亲近，分享也就越自然。

承诺

爱情的第三个基本元素是**承诺**，即双方在生活、身体健康、经济上给彼此的保证和契约——不管疾病、困难、贫穷、痛苦，你们都愿意对彼此不离不弃，一生一世守护对方。这就是承诺。承诺可以是情感方面的，"此生只爱你一人"；也可以是疾病或健康方面的，"希望在生病时得到你的照顾"；也可以是经济和生活方面的，"在事业上相互帮助，共同照顾孩子"。而承诺最关键的作用是让处于亲密关系里的我们觉得踏实。让我们觉得在这段关系里始终有个人会照顾我们，对我们不离不弃，会为我们托底。

婚姻号

航海公约条款

1.这条船上只能有我们两个人（不准出轨）。
2.船漏水的话要及时修补（有矛盾时及时解决）。
3.风暴来了要相互补位（生活和事业上相互扶持）。

当然，承诺并不单单是靠一张结婚证就能得到的，它更多体现在两个人相处中表现出的对彼此的**在乎**。"如果你做的事情可能会影响我的感受、利益和生活，那么你会不会考虑我的感受"，这是衡量承诺的重要标准。例如，有一位已有女朋友的男士在和其他女性接触时会提醒自己不能越界，因为他知道这样会伤女朋友的心。如果连这种在乎都没有了，那两个人即使有一纸婚约，也无法让爱情天长地久。此时，他们的感情就进入了一种分裂的"伪承诺"状态，那其实已经是不爱的表现了。

爱情的 7 种类型

读到此处，你可能会觉得，完美的爱情应该同时具有激情、亲密和承诺三种爱情元素。理论上确实如此。然而在实际生活中，"三全其美"的感情并不多见，大部分人的感情可能只有其中一种或两种元素。斯滕伯格按照三个元素之间不同的组合方式，将爱情分为 7 种类型，即喜欢、迷恋、空洞的爱情、浪漫的爱情、糊涂的爱情、伙伴式的爱情和完美的爱情。

当然，我们不能说这 7 种爱情里哪种更好或更坏，只能说"萝卜青菜，各有所爱"，不同年龄、文化、成长背景的人对亲密关系有不同的偏好。举例而言，如果一个人同时与多个人约会却不想发展稳定的感情，那么他更需要的或许是激情，他的爱属于迷恋；有的夫妻可能对彼此早就没有了激情，对彼此的身体也不再感兴趣，但他们已经习惯了和对方搭伙过日子的感觉，并且他们还有孩子要共同抚养，有房贷要一起还，这种爱属于只有亲密和承诺的伙伴式的爱情。但在大部分情况下，一段感情拥有的基本元素越多，双方的满意度一般就越高，在这段感情里身心也更愉悦，关系相对也更稳定。

斯滕伯格的爱情三角理论

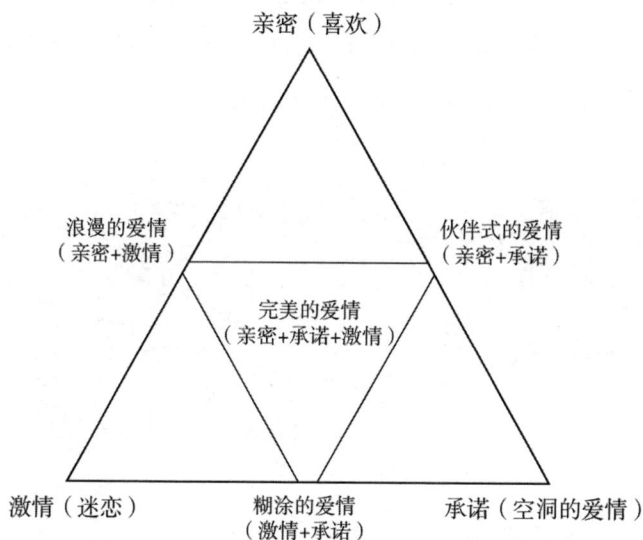

另外，激情、亲密和承诺三者并没有严格的先来后到之分，同时，它们也彼此相连、相互促进。两个人足够亲密，能痛着彼此的痛，快乐着彼此的快乐，自然身体上就更容易相互亲近，就更容易对彼此产生爱欲和迷恋。对彼此越迷恋，在做决定时就会越顾及对方的感受，对对方负责。当两个人都能感受到对方对自己的在乎后，两个人就更信任彼此，更愿意彼此分享，也就更亲密。

在一般情况下，我们更容易对"怦然心动""一见钟情"这样的激情产生深刻印象，加上爱情小说和偶像剧又不遗余力地渲染情侣在激情期时浓情蜜意的场面，所以，我们很容易形成误解，那就是必须有激情"打头阵"，两个人才可能开始一段恋情。但现实情况并非如此。有不少伴侣是先有彼此的关心和陪伴，而后才收获爱情。此外，我也见过有人通过相亲先达成一种"临时承诺"，然后再培养出浪漫和激情。所以，如果对方对你一时半会儿还没有激情，那么你大可不必过早地感到绝望。

找出你的爱情元素

如果你喜欢上一个人，并且发现对方对你有上面三种感觉中的至少一种，那么祝贺你！至于怎样有效地洞察自己和心仪的人之间隐藏的爱情元素，大家可以运用如下策略。

首先，找一张白纸，先像下图一样把一个圆分成三等份，分别代表激情、亲密和承诺。然后，回想过去你与中意的人或伴侣相处的点滴，从中寻找那些可以归入激情、亲密和承诺这三个元素中任何一类的事情，把它们写在相应的区域里，越具体越好。

其次，回忆、思考和整理：这些点滴是在什么情况下如何发生的？当时你和对方做过什么促使这些爱情元素出现？也要把它们写下来。

最后，设想一下，如果接下来想让这些元素在你们的关系里持续存在，你会做些什么？如果有可能，你希望这段关系里哪些

元素更多些?

　　此处，我们先找到和爱慕对象或伴侣之间已经存在的爱情元素。至于怎么样再加一把劲儿，让我们的爱情保鲜，我将在下文详细讲解。

愿大家都能找到
属于自己的爱情元素。

12.
既互补又相似，爱情才能保鲜

我们了解了爱情三元素后可能会想，如何才能让爱情保鲜呢？

让爱情保鲜的"黄金搭档"

要讲清楚这件事，就必须得提让爱情保鲜的"黄金搭档"：**互补**和**相似**。

互补

互补指亲密伴侣各自拥有的某些特质、能力或优点是对方不具备且喜欢的。"我有的你没有，你有的我没有，并且我们都被自己身上没有，而对方身上有的东西深深地吸引"，这就是互补。它可以是职业能力、个性、爱好、观点、社会资源、生活习惯等很多方面。例如，"我善于造梦，我的伴侣善于让我的梦可以具体落地执行。""我的个性热情奔放，我的男朋友个性沉着冷静。""我喜欢凡事拿主意，我的丈夫喜欢凡事由别人帮他拿主意。"

　　再举个具体的例子，一个女孩从小成长在一个家人情感都很丰富、对情绪感知比较敏锐、比较有诗情画意的家庭里。她懂得营造浪漫，也特别善于理解和体察他人的情绪需要。而她的男朋友则来自一个情绪表达水平比较低、讲究理性的家庭。从小在这样的家庭环境中耳濡目染，他具备了冷静分析和判断的能力，处理事情一针见血且效率颇高。他们相遇后，女孩被男孩身上的冷静、睿智所吸引，她发现之前无数让自己头痛的、束手无策的复杂"大事件"到他这里都可以迎刃而解，"遇到他，我才发现，原来遇到再大的事也可以冷静下来想清楚，找到解决办法"。男孩则对女孩的浪漫、温情着迷，因为和女孩在一起后，他才发现"原来生活除了工作和思考之外，还可以这么浪漫、洒脱，还可以这么色彩斑斓"。他们都被对方身上某些自己所没有的特质所吸引，并且都在这段感情里找到了以前未曾有过的体验。这种"你带我遇见不一样的世界，你让我变得完整"的感觉，何其美好！

　　换言之，**互补**其实有很多特殊的功效。它能让两个人打心底里相互**吸引**，因为他们在彼此身上看到自己一直想要却不曾拥有的"宝贝"。同时，它也让伴侣有很多彼此不了解的新鲜事可以跟对方分享，"你看过的很多美景我没有看过，我想和你一起去看。你遇到的很多有趣的事我没有遇到过，所以我想和你一起去经历"。这种由互补带来的分享和彼此吸引又能让两个人产生更多的**激情**。

我们（互补）在一起才最甜。

相似

相似，顾名思义，指情侣在各个方面与彼此有多像，有多同步，有多一样。它涉及方方面面，包括观念、消费习惯、生活方式、口味、爱好、家庭经济条件、文化风俗、心理成熟度等。"我们都喜欢爵士乐。""我们都对情绪很敏感。""我们都向往自由。""我们都喜欢吃辣。""我们两家都是中产阶级。""我们都喜欢马上解决冲突。""我们都喜欢读心理学方面的书。""你知道我的痛，你知道我的梦，你知道我们感受都相同。"这些就是相似。

与互补的**"取长补短"**原则不同，**相似**更强调伴侣间的**"门当户对"**。同样，相似也有以下神奇的功效：两个人的认知和经历相似，他们聊到某些话题时更容易产生共鸣，做事时步调也更一致。这种"我们就像有心灵感应，总能踩到一个节奏上"的感觉，会让两个人更愿意共同经历更多的事情（如一起做事业）。这种"同甘共苦"的经历越多，两个人就越容易彼此信任，给彼此的承诺就越稳定。同时，这些共同的经历又能让他们在当下或日后有更多能够**分享**和回味的"记忆宝藏"，让他们的关系更**亲密**。

"吃货"情侣联盟

读到这里，你可能已经猜到了，**既有互补又有相似的感情更稳定，也让人觉得更幸福。**

互补或相似，单足难行远

那种只有互补或相似的感情虽然也有，但质量可能就不如两者皆而有之的那么高，也更难以持久下去。例如，一对情侣如果只有互补，但他们的世界观、生活习惯、消费观念都天差地别，看上去不是一路人，那他们可能刚开始在一起时会激情满满，待激情褪去后，接下来没有共同语言的日子就很难熬了。比如王子和灰姑娘，一个王室出身，每天关心的是江山社稷，一个是普通平民，每天关心的是柴米油盐。他们的生活习惯、人际关系、社

会地位和认知都天差地别。最开始王子可能会被灰姑娘的美丽和坚强所吸引，灰姑娘会迷恋王子的慷慨和照顾，但日子久了，待激情消散后，两个人平时连聊天都不知道该聊什么。试问，他们又怎么能像童话里讲的那样"永远在城堡里过着幸福的生活"呢？所以，**童话里往往都是骗人的，别当真**。

反过来，那种双方过于相似，没有互补的感情同样也很难甜美。两个人甚至可能会有"和你过日子，就像和另一个自己过日子""牵你的手，就像自己左手牵右手"的感觉。这样的爱情往往平淡有余，但甜蜜和激情不足。日子久了，如果其中一方遇到另一个和自己既相似又互补的人，就难保不会移情别恋。换言之，一般只有**互补**和**相似**合体而成的"究极体"，才更容易和其他亲密关系元素（激情、亲密和承诺）一起，培养出和和美美的长久爱情。

互补 ＋ 相似 ⇒ 珍珠奶茶

我们是"最强爱情下午茶"

激情　亲密　承诺　互补＋相似

找到"对"的人

如果你尚未建立但又渴望建立一段亲密关系，不妨想一想：你中意的那个人哪些方面和你相似，哪些方面和你互补。如果你发现你们既有相似之处，又可以形成互补，那么祝贺你，甜蜜爱情在向你招手！而下一步，你可以尝试利用你们的相似之处创造更多的接触机会。假如你们都喜欢看话剧，那就约对方一起看话剧。同时，你不妨多跟对方展示和分享一些你独有的、对方也感兴趣和欣赏的特质。假如你擅长写项目计划，他也很欣赏你这一点，那你就不妨和他多分享自己这方面的技能。

如果你正处于一段亲密关系中，那么你需要考虑接下来怎样通过自我成长，让你和对方之间的相似和互补都同时得到增强。你需要学习新的知识，拓宽视野，发展新的能力，改变一些生活习惯。这样做可以让自己不断拥有新的"资本"，持续地吸引对方，同时也让自己不被对方远远地甩在身后，让两个人能持续拥有共同语言。

有人可能会说："如果对方真的爱我，那么他应该不管我变成什么样都会无条件接纳我。"很抱歉，在实际生活中，这种"无条件"的爱几乎不存在。每个人心中都有一杆秤，随时都掂量着对方是不是适合与自己一起走下去的那个人。也就是说，感情的"合约"不会永远不变，唯一不变的，就是双方对于"我接下来想要什么样的感情"的想法会一直改变。

所以，那种所谓"我希望即使我不成长，对方也会永远爱我"的想法是幼稚且不负责任的，相当于把经营亲密关系的责任完全推给对方。而大部分人不喜欢"不新鲜"的感情，除非这段感情在当下能暂时满足双方某些其他方面的需要，例如，一对情侣为了在大城市生活下去，不得不暂时忍受对方，因为要一起还房贷。

至于怎么让自己和伴侣更高效地共同进步，以及在亲密关系的不同阶段应该在哪些方面成长，我将在下文中详细讲解。

13.

亲密关系里的8步成长法

如前文所述，亲密关系的"合约"是会改变的，世上没有"永世不变的爱"，也没有"永远不变的人"。在亲密关系的不同时期，伴侣各自的诉求会有变化，因此两个人都需要做相应的调整，才能让两个人的"情感合约"保持动态更新，让亲密关系一直"鲜活"。

爱情恒久远，一颗永流传。

得了吧，那是你，不是我们。

爱情

亲密关系

通常意义上，一段"完整"的亲密关系会经历8个步骤，且在各个阶段亲密伴侣都需要做一些成长和改变。

第1步，坠入爱河

这可能是亲密关系中的两个人体验最美好的一幕，也是各种青春偶像剧和爱情电影最热衷于描述的阶段。此时，伴侣彼此刚搭上"爱情天线"，大部分甚至全部注意力都落在对方的优点上，看对方身上什么都是闪光点。所谓"情人眼里出西施"描述的就是这个时期两个人被彼此强烈吸引，对彼此既好奇又迷恋。

这时，在亲密关系舞台上唱主角的是**激情**。此时的伴侣并不需要特别做什么，只要持续地、自然地在彼此面前秀出自己的优点和魅力，并留出足够的时间和彼此相处即可。在这个阶段，最好不要忽视对方，或者肆意地贬低对方。

第2步，二人世界

此时，虽然激情还在，但**亲密**会慢慢地登上舞台并逐步成为主角。在这个时期，伴侣之间单独相处的时间越来越多，有更多的分享，彼此的爱好、骄傲、能力和脆弱都会越来越多地被对方知晓。伴侣会慢慢地习惯"有什么事都和你说"的感觉，会觉得自己的世界里最重要的就是彼此，而其他人或事（如兄弟姐妹、朋友和家人等）则暂时都变得不那么重要了，所以容易被周围的人调侃"重色轻友"。

此时，伴侣需要做的是，在倾听彼此分享时表现出更多的理解、接纳、认可和鼓励，记住凡事多听、多回应、多点赞、多陪伴、多拥抱，少评价、少说教、少命令、少质疑、少挖苦。如果你真的想给对方提建议，可以用非强制性的方式提出，如"我觉得这件事可不可以这么看，这么办"，而非"我觉得你应该怎么做"。

第 3 步，找到共同关注点

伴侣之间如果只有分享、陪伴和甜言蜜语，关系会显得有些单薄。此时，两个人除了每天"谈情说爱"之外，还需要给"节目清单"升级，去找一些双方都感兴趣的、可以在日常一起做的事情，一起度过业余时间的爱好，或者共同追求的目标，让大家通过这些"共同关注点"有更多的情感联结和共同语言。例如，定期去旅行，一起追剧，支持彼此完成学位论文，组队打游戏，等等。

在伴侣提出"我要和你一起去尝试某件新鲜事，一起找新的共同兴趣爱好"这些建议或请求时，我们切忌不假思索地一味拒绝和否定。这时，我们需要在不过度勉强自己的前提下，尽量接下对方抛过来的橄榄枝和邀请。

第 4 步，建立共同生活

在这个阶段，伴侣可能要开始尝试真正意义上的共同生活了。此时，两个人除了花前月下以外，还要鼎力合作、共同面对生活中的诸多挑战，以及柴米油盐之类的琐事。同时，因为天天在一起，之前不为对方所知的嗜好和小毛病都会逐渐暴露在彼此面前，并且双方也经常会因为生活方式不同而发生摩擦。不少人对伴侣的"完美印象"会在这个阶段破灭，发现"原来你不是我之前认为的那么好，原来你也有如此不堪的一面"。有的人接受不了这种理想破灭的打击，会把对方的不足无限放大，开始抱怨："为什么当初你那么惹人爱，现在却这么惹人嫌。"

此时，伴侣就像两个需要磨合的齿轮，如果他们愿意包容和接纳彼此的一些小毛病，也愿意根据对方的需要调整自己的生活习惯和方式，不断达成新的妥协，那么这段感情有可能继续下去。反之，如果大家都不让步，一定要对方迁就自己，并且一定要把对方重新塑造成自己原本理想中的完美形象，那么往后的日子就会过得很艰难，甚至两个人的关系难以维系。

此时，**承诺**慢慢地登上舞台，与激情和亲密一起，共同"演出爱情这出大戏"。

第 5 步，在彼此生命中担当多重角色

当伴侣成功完成"共建生活"的任务，为亲密关系中日常事务的运作打好"行政基础"后，接下来就要开始参照彼此的需要，发展自己相应的能力，让自己可以在对方生命里承担某个重要的角色。这些角色包括成为彼此的父母、发展伙伴、朋友、身体伴侣和心理咨询师。

通俗点讲，有的人希望伴侣能像父母一样照顾自己。有的人希望伴侣能像智囊一样在事业上为自己出谋划策。有的人希望伴侣能像朋友一样陪伴自己。有的人希望伴侣能和自己心灵相通，像心理咨询师那样为自己排忧解惑。有的人则渴望和伴侣拥有满意的性生活。总之，不同的人希望伴侣在自己生命中充当的角色权重会有所不同。

在这个阶段，我们就需要了解伴侣究竟希望我们成为其生命里的什么人，然后发展相应的"技能"。至于为了修炼成上面的角色具体该做些什么，我们将在下文详细讲解。

第 6 步，拥有事业或目标

这时，伴侣双方可能三四十岁了，孩子开始上学，父母的身体开始出现各种"毛病"，还要还房贷和车贷。到了上有老下有小，家里家外大大小小都要投入金钱和精力的时候，可谓"压力山大"。即使两个人没有孩子，也到了各自事业发展的重要节点，不容有所闪失。同时，两个人也需要从各自的事业成就中找到自我认同感，否则很容易出现"三十立不了，四十依旧惑"的尴尬。

此时，伴侣需要做的事是**明确分工，彼此支持**。首先，针对生活和工作上的、家里家外的大小事务，大家要承担一些具体的责任，相互配合完成。不能只是"你负责赚钱养家，我负责貌美如花"，而是要"你负责赚钱养家，我负责照顾咱爸咱妈"。当然，如果家里的经济条件比较好，有钱请他人帮忙打理，那另当别论。但即使这样，家里也需要有人张罗这些事情。其次，需要给彼此的事业和正在做的事情更多的认可和鼓励，而不要光说风凉话，甚至讽刺挖苦。例如，妻子不要跟丈夫说："你这份工作做不做无所谓，反正也赚不了多少钱。"丈夫不要跟妻子说："就让你管个孩子都管不好，你说你有什么用？"

在这个阶段，夫妻不要**相互拆台**，切忌没事找事，在对方忙着应付工作时故意整出各种小事为难对方。例如，妻子本来和丈夫说好自己周末要加班，要他周末带孩子。结果丈夫临时接到朋友电话叫他一起去钓鱼，然后就缠着妻子要她回家带孩子，好让自己能出去玩。这种做法不可行！

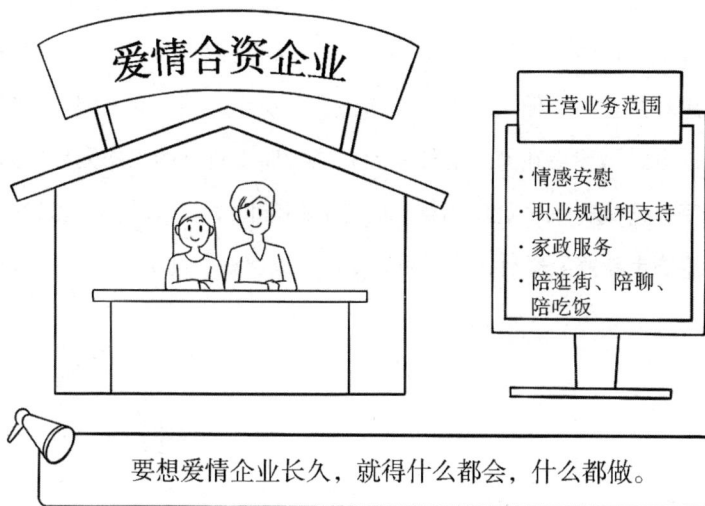

要想爱情企业长久，就得什么都会，什么都做。

第 7 步，放飞孩子，再次成为情侣

在这个阶段，孩子差不多到了青春期，抑或要读大学或参加工作了，而伴侣也步入中年。这时，两个人可能会感觉：这些年我们把心思都放在孩子和事业上，现在孩子大了，不需要我们管了（也管不了了），我们的事业差不多也稳定了，不用太操心了。现在家里就剩下我们两个人了，成天大眼瞪小眼，反倒不知道该干些什么了，不知二人世界的生活该怎么继续下去。有时候，当

你每天早上醒来看着躺在身边的那个人时，说不定还会有一种空洞的陌生感：难道这就是那个当初我选择的、想要共度一生的人吗？我怎么感觉对方那么陌生，甚至都有点不认识对方了。

这时，伴侣就需要把之前放在孩子身上的时间和精力用来**重新谈一场恋爱**，包括重新靠近彼此，了解两个人这些年各自发生了哪些变化，有哪些进步。问问彼此现在需要什么，彼此有更多的分享，发展一些双方都感兴趣的新活动和爱好（例如，"之前一直想环游世界，但一直忙着照顾孩子，现在我们一起去吧"）。同时，也鼓励伴侣在家庭之外发展和维持属于自己的兴趣爱好，如练字、搜集古玩、跳广场舞、研究某门学问等。这时，亲密和激情需要重新登上舞台，共同演好爱情"这出戏"的下半场。

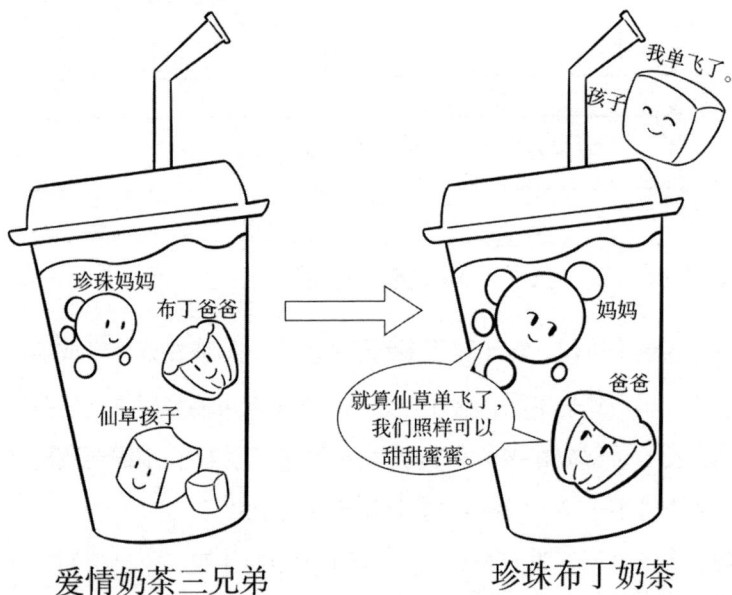

爱情奶茶三兄弟　　　　　　珍珠布丁奶茶

第 8 步，成为老伴，彼此照顾

这是爱情"这出戏"的最后一幕。伴侣都垂垂老矣，身体各方面的机能都在下降。不需要做事业了，或者想做也做不动了。子女（如果有）也不需要操心了，或者即使需要操心，也有心无力了。这时，两个人可能会觉得：在我的眼里，你就是那个我最熟悉也最信任的人。虽然没有了激情，但如果没有你，我真的会不习惯，不知道生活该如何继续。

这时，伴侣最需要的就是彼此信任，以及在生活各方面彼此陪伴和照顾。一句话，这时，两个人没事待在一起，比什么都重要！当然，如果精力有富余，继续维持各自的兴趣爱好，也很重要。

读到这里，有的人可能会说："每个阶段要注意那么多事，好难啊！"这句话只说对了一半！经营亲密关系确实不是一件简单的事，而要做好它其实也没那么复杂，总结一下就四个关键点：**看到彼此的变化，了解彼此的需要，接受彼此的影响，愿意自我成长**。这样，你和伴侣的"情感合约"才能保持动态更新。

愿你的亲密关系
能始终保持旺盛的生命力。

14。
5 种角色和 5 种语言，让爱情持久

来咨询的伴侣常常抱怨："真不明白我的伴侣究竟想要什么，到底我要怎么做他／她才满意。"也有不少伴侣抱怨："我就搞不懂了，我的要求已经说得那么明白了，怎么对方就是理解不了呢？"

有这些烦恼的伴侣大部分没弄清楚两个问题：一是双方需要在彼此的生命里扮演什么样的角色；二是双方需要采用什么方法向彼此表达爱。

亲密关系中的 5 种角色

一般而言，绝大部分人希望自己的伴侣能在自己的生活中承担 5 种角色中的一种或几种。

角色 1，父母

不管一个人平时有多能干、多厉害，都希望自己的伴侣能像**父母**一样，在自己悲伤或脆弱时安慰自己，在自己发脾气时无条件地包容自己，在生活上为自己提供无微不至的照顾。换句话说，我们或多或少都希望亲密关系能给我们带来一种感觉：不管发生什么，不论我遇到什么麻烦，也不论我做错了什么，都有一个人对我不离不弃，宠着我，护着我，为我托底。

这种诉求有点像希望伴侣成为我们的**替代性父母**。我们不能说这样的需求幼稚，因为它几乎是每个人都会有的真实**依恋**需求。只是不同的人渴望自己的伴侣成为自己父母的程度不同。有的人希望伴侣成为自己接下来生活里永远的替代性父母，如某些姐弟恋或老夫少妻的组合。有的人则只是希望对方在自己脆弱时成为自己的"临时父母"，安慰自己、照顾自己，如此就好。

但不管怎样，让自己具备"在必要时成为对方父母"的能力，对维护我们的爱情而言都是不可缺少的。要做到这一点，我们就需要**培养对伴侣情绪的理解和共情能力**。这一点说难也难，说容易也容易。难就难在大部分时间我们会本能地为自己着想，不习惯去想对方在想些什么。容易就容易在如果我们遇事时都愿意主动换位思考，尝试去想对方的感受是什么，想要什么，并及时给予对方回应，自然也更容易让伴侣感受到被我们照顾的温暖。

角色 2，发展伙伴

许多时候，伴侣希望对方能在职业规划和发展上给自己出谋划策，充当自己的智囊或参谋的角色，和自己一起成长进步。例如，丈夫对于做现在的工作很不开心，与领导的关系较差，所以想跳槽，但心里又拿不定主意，就想找妻子商量。如果这时妻子能以理解和支持的态度与丈夫讨论和分析换工作的利弊，甚至提出一些有用的建议，不仅会让丈夫觉得自己"不是一个人在战斗"，而且也会对妻子更加欣赏，夫妻之间也会更加信任。

但是，如果妻子从结婚后就一直不工作，也没有自我学习和成长，跟社会严重脱节，那么很可能丈夫就会觉得"跟你说什么你都听不懂，你什么忙都帮不上，真没趣"，然后他难免给妻子冷脸看，甚至鄙视或嫌弃妻子。而妻子也会觉得很委屈——"当初是你让我不必上班，说会养我一辈子，说不管我变成什么样都永远爱我，为什么现在又出尔反尔呢？"这样的桥段估计大家在电视剧和电影中都见到过。

换言之，不管男人还是女人，都需要找到一件自己认为值得持续投入的、有意义的事情（如工作）。它对我们而言可能不仅仅意味着一份稳定的收入，还在于让我们有属于自己的朋友圈，让我们持续成长并有一份属于自己的价值认同。"我是我自己，我的价值不依附于任何人"，而不是"我仅仅是孩子的妈妈 / 爸爸""我只是丈夫的妻子""我不过就是我妻子的丈夫"。

因此，即使是老夫老妻，也得"好好学习，天天向上"，不断拓展自己的知识面，积累自己的社会经验。所以，我建议大家"活到老学到老"，没事多看书，多学新知识提升自己，开阔眼界。这样不仅能让自己在伴侣眼中持续保有吸引力，也能给孩子做个榜样，一箭双雕，何乐而不为呢？

角色 3，心理咨询师

有时候，我们也希望伴侣能像心理咨询师那样，做"能理解人的耳朵"，不带偏见地、耐心地听我们诉说烦恼。伴侣也许不需要为我们提供什么真知灼见，只要对方愿意在我们需要时陪伴我们，在自己能力范围内和我们讨论一下，提出一些我们没思考过的角度，促进我们思考就行了。

这就是心理咨询师经常做的事情。当然，我们不需要为了做到这一点就去读心理学学位，也大可不必花几十小时甚至上百小时去学习心理咨询的专业技巧，只需要做好两件事即可。

第一件事，保持和伴侣共同成长，定期了解伴侣在忙什么，最近对什么感兴趣，为什么感到烦恼。然后有空时自己也补充一些相关方面的知识，了解相关信息，这能保证当下你能听懂对方想说的心事，也能让对方感觉被你理解。举个例子，妻子当年和丈夫相遇时，是因为丈夫能为在这座城市孤独打拼的她提供生活照顾，所以她嫁给了丈夫。多年后，妻子不但事业得到很好的发展，实现了经济独立，而且还不断学习新知识提升自己，认识了更高层次的人，看到更广阔的世界。而反观丈夫，几乎没有成长，还是"曾经那个少年，没有一丝丝改变"，每天还是机械地上班，下了班只会打牌，看手机。此时，妻子很可能会感到自己和丈夫在心理上已经不同步了，平日有什么事估计也不想跟丈夫讲，因为觉得"说了他也理解不了，更帮不上忙"。这样一来，他们肯定就无法做彼此的心理咨询师了。此时，如果妻子在婚姻外遇到一个和她同步，让她觉得既优秀又能理解她的人，新的感情就很容易发生。所以再敲黑板、划重点，就算结了婚，持续的自我提升和修炼也很重要！

第二件事，在伴侣有烦恼时多尝试以下几点：凡事先耐心倾听，弄清楚对方的真实意图，再提建议，别急着说："我觉得这个是……你就应该……做。"不要轻易评价，别轻易说："这事你做得不好。""你这个人就是……"多用提问激发对方思考，例如，"我在想，这个事换一个角度思考，会不会有不一样的结果。"

角色4，好朋友

不少亲密伴侣希望对方和自己能像好朋友那样，一起分享爱好、秘密、脆弱、悲伤和快乐或生活琐事。例如，一起追剧、逛

亲密关系就像长跑。
要么大家一起跑，要么某个人被落下，
剩下的那个单独跑。

街、聊天；或者自己买了什么好东西，遇到什么有趣的事情时，对方有兴趣听自己分享；或者自己遇到烦心的事或人，或者心里不舒服时，对方愿意义无反顾地站在自己身边，支持自己。

在有的人看来，上面这些事可能纯粹属于"闲得没事加浪费时间"，但在伴侣之间，可以像"好闺密、好兄弟、好朋友"那样一起"浪费时间"的体验，可以让彼此能日益亲近。这样的操作能让伴侣越来越习惯于彼此的陪伴和存在。换言之，对相爱的情侣而言，在一起的许多时间就该用来进行"有价值的浪费"。

所以，建议各位亲密伴侣平日除了谈温情（成为彼此的父母）、谈事业（成为彼此的发展伙伴）、谈见解（成为彼此的心理咨询师）以外，也要想想大家一起做哪些事情来"浪费时间和发呆"。

角色 5，身体伴侣

最后，双方还需要扮演彼此身体伴侣的角色，也就是在对方脆弱、痛苦和不安时能给予拥抱。在对方需要时，也能及时提供身体的爱抚和性方面的抚慰。

要做到这一点，我们就需要持续进行身体修炼，让自己能对伴侣保有持续的"性吸引力"。例如，就算人到中年，男士也需要锻炼身体，如健身、跑步。女士也需要适当进行体型管理，如练瑜伽、控制体脂，让自己能保持迷人的曲线。同时，可以定期向彼此发出夫妻生活的邀请，并采取合理的方法增加情趣。

"完美爱人"
其实都有五副面孔。

刘亮博士

角色五维图

需要澄清的是，**不同的人希望伴侣承担的角色权重会有所不同**。首先，你可以在下面的角色五维图上，给你希望伴侣承担各种角色的权重打分（1 ~ 5 分，分数越高，代表越希望对方能扮演相应的角色）。当然，也可以请你的伴侣就其对你的期待打分。

然后，缺什么补什么，有针对性地在伴侣期待的角色维度上努力。同时，你也可以更清楚地告诉伴侣你希望对方以后在你的生命里承担哪种角色，倾听对方的计划和打算。

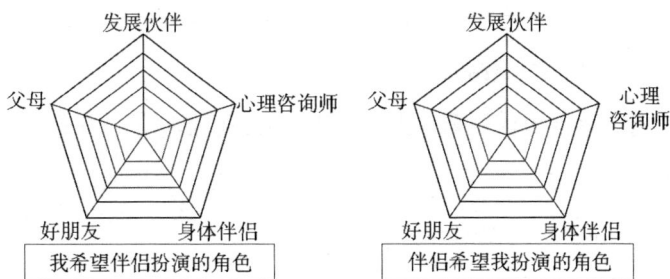

我希望伴侣扮演的角色

伴侣希望我扮演的角色

爱的 5 种语言

在扮演上述不同角色时，我们可以采用不同的方法向伴侣表达爱。有一位叫盖瑞·查普曼的婚姻专家用"爱的语言"来形容伴侣向彼此表达爱意的方法，共分为 5 种。

语言 1，精心的陪伴

这是指两个人安心地、心无旁骛地陪伴彼此，一起聊天、聊人生、聊梦想，或者甚至什么话都不说，两个人只是一起散散步和发发呆。这时，伴侣大部分注意力都集中在彼此身上，类似于"我的眼里只有你"的状态，而没有一边和对方说话，一边刷手机、玩游戏或做不相关的事情。有的伴侣会一起做双方都感兴趣的事，通过共同做这些事培养精心时刻，例如，一起做一顿大餐，一起徒步，一起玩游戏，等等。

语言 2，肯定和浪漫的语言

这是指伴侣给彼此语言和非语言的夸奖、赞美和点赞，以及对彼此说的浪漫情话。在语言表达方面，可以说："老婆，你是世界上最好看的女人。""亲爱的，你真聪明，你真是我的宝藏男孩。""你一直住在我的心里，我一想到你，心就扑通扑通地跳。"非语言的肯定包括在朋友圈、微博给对方点赞等。

语言 3，身体接触

有许多人更渴望和伴侣有身体接触，包括牵手、拥抱、摸脸或亲吻等。这样"一切尽在不言中"的体验，能让他们感觉和对方有真实的联结，胜过千言万语。

语言 4，赠送礼物

不少伴侣喜欢通过交换精心准备的礼物来表达爱。特别是在重要的节日或纪念日（如情人节、生日、结婚周年纪念等）时赠送彼此礼物。这时，彼此送的不只是礼物本身，还是一种仪式感。例如，男朋友最近在努力减脂，女朋友会贴心地送上一件实用的健身器材。女孩最近看上某款口红，男孩就在她生日时送给了她。

礼物不一定要多贵，但需要足够用心，并且是"**两个用心**"：一是平时记得用心观察对方喜欢什么、想要什么；二是准备礼物时用心，切莫粗制滥造。当然，如果你发现对方要的东西远超你的经济承受能力，那么你可以直接坦诚地告诉对方，获得对方的理解。如果即使你这样做之后对方还是不满意，那么可能说明你们在消费观念上并不相配。这就又回到我们前面讲过的建立亲密关系的内容，你可能需要重新评估你们是否适合在一起。

语言 5，服务的行为

这是指伴侣在日常生活中习惯性地或特意为彼此提供的工具性的服务。例如，对方水杯空了帮对方倒杯水，看到对方在打扫卫生时过去搭把手，帮助对方打印工作上需要的某个文件，去看对方时带一些水果，吃饭时帮对方剥虾，等等。不要小看这些细节。如果把前面的 4 种语言比作构成"亲密关系大厦"的立柱和各种主建材，那么服务的行为就像这座大厦的线路、螺丝帽、水管这一类的隐蔽工程，虽然看上去不显眼，实际上不可或缺。

服务的行为
你有了我，
再也不会迷路方向。

精心的陪伴
我能想到最浪漫的事，
就是和你一起慢慢变老。

要谈好恋爱，就得精通
"多国语言"。

身体接触
握着你的手，
指尖传来你的温柔。

赠送礼物
我愿为你种下999朵玫瑰。

肯定和浪漫的语言
你在我眼中是最美。

爱的公式

总而言之，爱的语言就像储存进伴侣"爱情账户"的存款，在两个人相处中出现得越多，伴侣的"爱情家底"就越厚实，亲密关系就越经得起世事的挑战，如一方失业、婚外情、疾病等。当然，这里也要澄清一点：**不同的人习惯给出的爱的语言，以及希望伴侣给自己的爱的语言是不同的。**同样，我们可以用五维评分图给我们自己的爱的语言，以及体会到的来自伴侣的爱的语言打分。

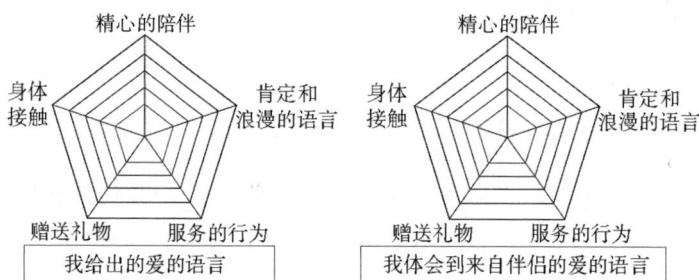

有了两个分数后，你就能对以下四个问题有比较清晰的答案：**我要什么？我的伴侣要什么？我能提供什么？我的伴侣能提供什么？**

接下来，我们可以用下面两个公式，计算出我们还需要为伴侣补足哪些爱的语言，以及我们期望伴侣能为我们补足哪些爱的语言。

伴侣要的爱的语言 – 我已经提供的爱的语言 = 我需要为伴侣补足的爱的语言

自己要的爱的语言 – 伴侣已经提供的爱的语言 = 我希望伴侣补足的爱的语言

然后，对于我们要补足的爱的语言，坚持"**缺什么补什么，尽力而为**"的原则。在我们的能力范围内，稍加努力，给伴侣提供对方想要的爱；对于希望伴侣补足的爱的语言，坚持"**直接表达，及时肯定，见好就收**"的原则，尝试直接告诉伴侣你需要对方做什么，在看到对方做得不错时，记得及时给予肯定，但不要得寸进尺，切莫提那种远超对方能力的要求。例如，对方平时需要上班，你就不能要求对方一周的大部分时间都陪伴你。

"演好爱情大片"

有的人或许会问："5 种角色和 5 种语言放一起讲意义何在？它们之间有什么联系吗？"

确实有！如果把亲密关系比作一部电影，那 **5 种角色**就是我们在这部电影里所扮演的**人物形象**，**爱的语言**就是我们用来诠释人物形象的**核心演技**。要演好这部电影，我们既要对角色有深刻的理解，体会角色的灵魂，愿意扮演相应的角色，也要有精湛的演技，让我们能把角色演绎好。二者缺一不可，相辅相成。

我是影帝，既能体会角色灵魂，又懂演技。

爱情一线演员

我是爱情思想派演员，
只体会角色灵魂。

我是爱情演技派演员，
只有演技。

爱情二线演员

另外还有一点，5 种角色和 5 种语言并没有严格的对应关系。对于同一个角色，我们可以用不同的爱的语言去呈现，就像电影中的同一个角色可以用不同的演绎方式去塑造一样。例如，对方希望你成为她的父母，你既可以用**服务行为**（如帮她做饭或洗衣服），也可以用肯定的语言、精心的陪伴或身体接触（如温暖的拥抱）来向她表达你想给予的如同父母般的疼爱，毕竟不同父母爱孩子的方式不一样，只要你们都能接受就行；反过来，不同的爱的语言也可以组合起来塑造出同一个角色。例如，你正处于事业发展的上升期，你的丈夫特别善于为你提供语言肯定和工具性的实际支持，成为你事业发展的助力。

15.

远离这些"杀手"，不让爱情受到伤害

前面我们讲的都是亲密关系的积极促进因子，现在我们换一个角度，总结一下那些会伤害亲密关系的"杀手"，也就是破坏因子。这样我们才知道在亲密关系里应该避开哪些"雷区"，让爱情始终保持鲜活。

我们可以把亲密关系的"杀手"归纳为"4 骑士"和"6 扇门"。

"4 骑士"

美国有一位很有趣的心理学家叫约翰·戈特曼，他平时基本上不做婚姻心理咨询，但喜欢把夫妻或正在谈恋爱的情侣请到研究室里，让他们像平时一样讨论一些他们没有解决的问题，并且对讨论的过程进行录像、分析，然后研究两个人的哪些吵架方法更容易让他们几年后分手。

经过多年研究，戈特曼总结出了对亲密关系破坏性最大的 4

种伴侣沟通方式，他用"4骑士"来指代这四种沟通方式：**轻蔑、对战升级、辩解和筑墙回避**。

骑士1号，轻蔑

它是破坏力最强的亲密关系"杀手"。它是指双方在相处时经常从**语言内容**和表情、语气、行为等**非语言**方面流露出对彼此价值的鄙视、不屑、轻视、讽刺和贬低。言语内容方面可能会有的表达如："你看你这可怜模样，你看看别人家老公（老婆），你连别人的1%都不如。""哎哟喂，你就这点儿能耐。""呵呵，你这辈子也就这样了，没什么希望了。"语气方面的轻蔑包括"啧啧啧""哎哟喂""切"等语气词。行为方面包括做决定时无视对方，视对方的要求、话语甚至视其本人如空气，等等。而典型的轻蔑表情如下图。

戈特曼的研究发现，如果一对情侣平日的沟通里频繁地出现轻蔑，那么他们5年后分手的概率几乎是100%。这个比例是不是很触目惊心？

骑士2号，对战升级

它是指双方完全听不到对方的要求和想法，争论时各不相让，情绪、音量都不输对方。所谓"你敬我一尺，我还你一丈"，两个人完全不是奔着解决问题去的，而是以争个输赢为目的的。并且，吵架时还会侮辱和攻击对方的人格，不把对方"摁死"决不罢休。例如，妻子责骂丈夫："你不但记性不好，而且智商也有问题，让你办个事从来办不好，你活着浪费空气，死了浪费土地。"然后丈夫回怼："你人品有问题，尖酸刻薄不说，还从来不说人话，罚你到地狱永世不得超生都算对你的怜悯。"

骑士 3 号，辩解

有人也把它称为**"防御"**，指不管听到对方说什么，甚至对方的话还没说完，我们的第一反应就是"他又要找碴儿了，我得保护好自己，决不能让他得逞"，然后就开启长篇大论的自我辩解，找各种理由来证明"我没错"。反正就一个目的：要把对方的嘴巴堵上，让他闭嘴。例如，妻子刚要抱怨丈夫下班回家太晚，丈夫马上就开始辩解："我跟你说，其实这件事情我也很难办，领导经常临时叫我加班。同事又都不给力，事情只能由我来做。我有什么办法，我要赚钱就没法老在家陪你，所以你也不要总抱怨了，没意思。"这种话就是典型的辩解，会让妻子觉得丈夫是在用狡辩来搪塞自己，反而让她更生气。这时，丈夫还不如说："我知道你很想让我多陪陪你，其实我也想，只是最近工作比较忙。这样吧，等忙完这段时间，我尽量多抽出些时间陪陪你。"

骑士 4 号，筑墙回避

它是指两个人吵架次数多了，吵不动了，就在彼此之间筑起一道墙，互不理睬。双方各过各的，日常除了必须进行的交流（如孩子上学的事）之外，绝不和对方多说半句话。这种情况在外人看来，可能会觉得这对夫妻还挺和谐的，但这其实只是假象，是双方在用一种表面的和谐强行掩盖火山口下的岩浆。

值得注意的是，这种情况在国内似乎十分常见，很多夫妻早就不想和对方过了，但常会带着"为了给孩子一个完整的家""宁拆十座庙，不破一桩婚""离婚很丢脸，意味着我人生的失败"之类的想法憋屈地待在婚姻里，有的人则把原本应该放在伴侣身上的兴趣、情感和时间都转移到孩子身上，把自己变成"直升机父母"，让孩子和自己都苦不堪言。这些夫妻往往不会因为自身的婚姻冲突前来咨询，大多是等到孩子出现问题时，才会带着"我们夫妻之间没问题，我们想给孩子治病"的想法前来求助。面对这种夫妻，我往往会建议他们"头痛医脚"，先尝试直面彼此的婚姻问题，再想想怎么帮助孩子。

讲到这里，你大概也想到了上面这 4 种亲密关系的"杀手"其实"狼狈为奸"、相互影响。我在临床上看到的往往是，如果在一对情侣的沟通中出现一个"骑士"，那么其他三个"骑士"也更容易出现。

"6 扇门"

了解"4 骑士"后，下面再来看看"6 扇门"，这也是由全世界诸多亲密关系研究者和临床工作者总结所得。

第 1 扇门，拒绝接受影响

它是指在亲密关系里，不管对方说什么、做什么，也不管对方好话、坏话都说尽，还是软硬兼施，我们就一句话"我没错，我永远是对的，我就是不改变"。这种"任你沧海桑田，我自稳如泰山"的态度很容易让伴侣感到极度愤怒、不满和厌恶，时间久了，伴侣就容易放弃希望，出现筑墙回避行为。

有意思的是，我们发现亲密关系里拒绝接受改变的往往以男性居多。这种情况会引发一种现象：很多妻子、女朋友会努力阅读各种心理学图书，上各种培训班，寻求心理咨询师的帮助，以期找寻改变的方法、提升自己，但她们的丈夫、男朋友却往往不愿意改变自己。至于为何会这样，目前还不清楚，值得进一步研究。

第 2 扇门，极端化

它是指伴侣在处理两个人的冲突时容易走极端，一定要争个对错。要么听你的，要么听我的，没有折中、妥协的可能。这种

"非黑即白"的极端化处理问题的习惯很容易让双方的"谈判"陷入僵局，最后要么不欢而散，要么大打出手。例如，"今年过年要么去我家，要么就哪儿都别去。""要么就买中环内的房子，要么就别买。"

第3扇门，不邀请

这里的"邀请"是个广义词，指双方在相处时向对方发出的任何可以让大家有互动、联结和交流的信号，而不单单指请对方出去逛街、吃饭、旅游等。例如，你刷到一条有趣的短视频，会马上把手机拿过去给他看"快看，这个真有意思"；你饭后想出去散步，会问他"你要一起去吗"；你想到一件有意思的事，会跟他说"我跟你说，那个……"，邀请他和你对话。

有人做过一项研究，发现那些对感情满意的伴侣待在一起时，平均10分钟里就有多达**77次**相互邀请。而那些对感情充满怨气的伴侣，却只有10~20次。这些邀请看似都是一些细枝末节的琐碎事，对亲密关系而言却是很重要的润滑剂。如果伴侣平时都想不到要邀请对方，那么他们的"爱情发动机"恐怕很难顺利运转。

主动邀请　　　　不邀请

所以，我平日在咨询里经常做的一件事就是教伴侣们学会怎样在相处时说有意义的"废话"。

第4扇门，负性解释

它是指戴着有色眼镜看对方，不管对方说什么、做什么，本能地把对方的用意往坏处想。例如，对方"呵呵"笑了一声，你马上就觉得对方是在讽刺和嘲笑自己。"把好的想成坏的，把活的说成死的"这种习惯之所以会形成，往往和两方面的因素有关。一方面，可能伴侣之前做过的一些伤害性事件给我们留下了心理阴影（或叫心理创伤印记）。例如，丈夫之前有过外遇，现在妻子一看到他躲在房间里看手机就忍不住想，他是不是又在给情人发消息。另一方面，我们从小就经常被自己的养育者负面地解读和误解，长大后就把这种负面解读的习惯照搬到与伴侣、孩子，甚至朋友、同事的相处过程里。以一位男士为例。从这位男士小时候起，只要看到他在吃零食，爸爸就会说："你肯定又去抢同学的钱买零食了，要么就是去超市里偷的。"结果他成家后，只要看到妻子买了漂亮的衣服，他就会说："你哪儿来那么多钱买衣服？是不是别的男人给你买的？"

第5扇门，过度概括

它是指仅仅根据一件事就以偏概全，要么把责任全部归咎于伴侣，要么动辄给伴侣定性贴标签，要么认为伴侣永远都是这样，不给对方解释和改变的机会。第一种过度概括属于**责任**上的，如"都是你的错，我们家会变成这样都拜你所赐"。第二种过度概括是**人格**方面的，从"就事论事"变成"就事论人"，如"看吧，我就说你这个人冷漠自私，只顾自己"。第三种过度概括属于**时间上**的，如"为什么你每次都这样，每次都不长脑子"。

对过度概括的破坏力，大家试着想象如下场面就能体会了：你和某人相处时，只要稍微做错点什么，对方就会抓住不放，无限放大，并且出口就是"你总是……""你就是……""都怪你"这类言辞。你感觉怎么样？是不是不敢想象和这样的人生活在一起时什么样子？所以，如果你现在正这样对待你的伴侣，那么请及时停止吧。己所不欲，勿施于人。

第 6 扇门，不在乎、不尊重彼此

它是指伴侣不管平时说什么话、做什么事都完全不顾及对方的感受，不会想"我这样说或这样做会不会让对方伤心"。例如，妻子在他人面前讥讽丈夫，完全不在乎丈夫怎么想；或者，妻子发高烧，丈夫情愿在家打游戏也不带她去医院看病。还有一种就是轻视对方，不尊重对方的人格和尊严，动辄对对方评头论足，肆意贬低，指手画脚，诸如"你脑子是怎么长的""你们家基因有问题"这类话。伴侣做什么事都完全不在乎或不尊重对方是种极端情况，我们称之为"婚姻分裂"。如果你的亲密关系已经到了这一步，那么你可能就真的需要认真考虑这段关系维系的必要了。

我的世界只有对和错。

休想让我主动。

我绝不改变。

拒绝接受影响

不邀请

极端化

我们是名震天下的爱情杀手"6扇门"

我看伴侣干什么
都像在干坏事。

我就喜欢给伴侣
盖章下定论。

伴侣的感受对我来说不重要。

负性解释

过度概括

不在乎/不尊重

  其实"6扇门"也是"相互勾结"的。例如，极端化的伴侣可能更不愿意接受彼此的影响，关系就更疏远，对彼此就更不满，就更容易把彼此往坏处想。这样一来，他们可能也更懒得向彼此发出邀请，彼此就更不在乎对方，相处时愉快的体验就更少，就更容易用片面的不愉快体验给彼此贴标签。

"宇宙无敌爱情破坏天团"

此外，"4 骑士"和"6 扇门"还经常会"跨界结盟"，组成"宇宙无敌爱情破坏天团"，共同破坏亲密关系。例如，彼此轻蔑的伴侣更容易表现出对彼此的不在乎，过度概括的夫妻也更容易出现冲突升级。所以，要让我们的爱情长久，单点防御上文提到的"杀手"是远远不够的，我们要构建全面的"防御大阵"，让这些"杀手"无机可乘。至于伴侣在意见不一致时怎样更高效地对话，以便让"杀手"失去舞台，我们将在下文详细讲解。

希望大家能把这些爱情"杀手"一网打尽，守护好自己的爱情。

16。

有效对话，让爱情和美

不少人在与伴侣沟通时，常常感觉自己的话对方听不懂、接收不到，仿佛"鸡同鸭讲"。在婚姻生活中，不管自己怎么做对方都不满意，不知道该怎么办才好。争吵了无数次却白白惹了一肚子气，问题并没有得到解决。

出现这些情况大多有两个原因：一是我们听不懂对方想表达什么，二是我们不知道自己想表达什么。

有的人可能会说："这不可能！大家说的都是同一种语言，我又不笨，难道我还能听不明白他说的话？再说，我自己说出来的话，难道我自己还不明白自己想表达什么吗？"人和人之间的沟通其实并没有那么简单，我们不一定知道自己真正在表达什么，更别说伴侣想表达的意思。

沟通的 4 个频道

当我们和伴侣交流时，不管我们说什么、做什么，都会同时在 4 个频道向对方传递信息，即**内容、状态、诉求**和**姿态**。接下来，我们具体说说这 4 个频道的内涵，以及如果频道错位时会怎样妨碍我们和伴侣的沟通。

频道 1，内容

它是指我们话语的字面意思和行为的表面直观意思，例如，妻子问丈夫："你今天几点下班？"内容层面可能就是妻子问丈夫几点下班。或者，一位男士点外卖时没有帮女朋友点，这个行为的内容仅仅就是"他只给自己点了外卖，但没帮她点"。

频道 2，状态

它是指我们在讲一句话、做一件事时展现出来的情绪和身体状态，包括心情怎么样、身体有没有不舒服。仍以上述妻子询问丈夫下班时间的情况为例，表面上妻子在问丈夫几点下班，其实是告诉丈夫她现在很不开心、很累，希望丈夫可以早点回家陪她。而那位不给女朋友点外卖的男士，或许是想让女朋友知道，他还在因为昨晚两人的冲突生气。

这里要特别讲一点，情绪也分两个层面：**表层情绪**和**深层情绪**。**表层情绪**指那些表面上表达出来的、一眼就能被别人看到的情绪，而**深层情绪**指伪装在表层情绪外衣下面的，自己都没意识到的、没能直接说出来的情绪。仍以上面的妻子为例，从表面上看，她是在生气，但仔细辨别后，她发现自己内心的感受是悲伤和害怕，她一直觉得丈夫不在乎自己，怕丈夫在外面有其他女人，但她又不敢直接开口问，就用愤怒这种更有攻击性的、让人感觉更有力量的情绪来逼迫老公回应自己。许多时候，我们很容易被伴侣的表层情绪所蒙蔽，而难以辨识对方真正想表达的深层情感。反过来，有时候我们也弄不清楚自己内心深处的真正感受是什么，只是本能地被自己表面的愤怒所控制。

表层情绪

我的愤怒好像一团火。

深层情绪

愤怒只是我的保护色，其实我需要的是爱。

频道3，诉求

它是指我们的言语和行为背后想向对方传递的期待和需要。

例如，一个女孩晚上发消息问男朋友："你在干吗？"其实她真正跟男朋友说的是："我想要你现在过来陪我。"以上面那位点外卖的男士为例，他其实是想通过这样的举动让女朋友和他复盘，重新讨论昨晚的事。但许多时候，说话的人自己都不知道自己真正想表达的期待是什么，或者有期待也不习惯直接说出来。反过来，听话人又不那么敏感，甚至有点"木"，总是理解不到伴侣言语或行为背后的诉求。这时候，就容易出现"对牛弹琴"的情况。

频道 4，姿态

它是指我们在和伴侣说话或者做一件事情时，让对方感受到的我们的姿态，例如，伴侣觉得我们究竟是在以平等的姿态沟通，还是以一种居高临下的态度在讲话。仍以上面提到的那对夫妻为

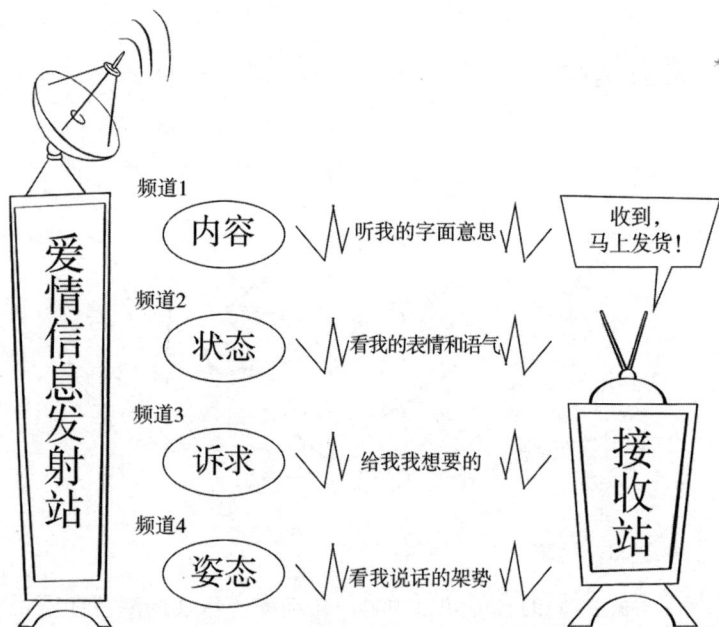

例，妻子问丈夫几点下班的时候，可能语气里带着质问和责备，这可能会让丈夫觉得妻子又在命令自己，像领导一样，然后他会很不爽，本能地产生抵触情绪，故意晚回家。而妻子看到丈夫这样，可能就会觉得丈夫又在摆"大爷"的架子，火气就更大。之所以会这样，是因为与他人跟我们所说的内容相比，我们更在乎他人跟我们说话时的态度和姿态。

所以，**当我们和伴侣沟通的频道错位时，就容易出现矛盾**。这里涉及两种情况，一种是说话人自己都没想明白自己想传递哪个频道的意思，另一种是听话人只听到自己习惯听到的那个频道的信息，这样双方的调频就会对不上。例如，当女孩说"不知道现在空调开的是多少度"时，意在向男朋友表达自己的状态和诉求——"我很冷，希望你可以帮我把空调温度调高一点"，但男朋友可能就只听到内容层面的信息，以为女朋友只是问空调开到了几度，于是简单地回答"21 度"。这样一来，女孩可能会觉得男朋友不理解自己、不爱自己，会十分气恼。男朋友则会觉得她怎

频道FM118.7

他是个单细胞动物，怎么都听不懂。

频道AM78.7

她到底想要什么？

情侣沟通电台

么又莫名其妙地发脾气了，真难伺候，久而久之，难免心生厌烦。所以，伴侣双方校准沟通频道十分重要。

听话人校准沟通频道 3 法

听话人可以运用"'四只耳朵'听、确认和针对性回应"3法，来纠正沟通频道的错位。

方法 1，"四只耳朵"听

它是指我们在听伴侣说某句话时，要用"一只耳朵"听内容，"一只耳朵"听对方背后是有什么期待没说出来，"一只耳朵"听对方此时的情绪，"一只耳朵"听对方说话时的姿态。

方法 2，确认

它是指琢磨对方究竟想在哪个频道跟你交流，是单纯在说某件事，还是在向你传递某种期待。如果你琢磨半天也不明白，那么可以直接问问对方想在哪个频道传递信息。通过反复澄清和确认，你可能慢慢地就会找到对方的规律，以后就不用每次都费力确认了。

方法 3，针对性回应

它是指选择和对方一致的频道回应对方。如果对方只是说**内容**，那么你就从内容上回应对方就好。仍以上面那位问空调开到几度的女生为例，你只要回应"21 度"就可以了。如果她是正在洗菜、切菜时说这句话，可能就是在告诉你她很冷（**状态**），但现在又腾不出手，希望你帮忙把空调温度调高一些，那就是在说自己的**状态**和**诉求**。这时，你就需要说："你是不是觉得冷？我帮你把温度调高一些。"当然，如果你觉得她跟你说话时的语气和神态（**姿态**）有些"嚣张"，让你觉得不舒服，你可以清楚、坚定地说："我可以把空调温度调高，但我希望你跟我说话时的态度可以温和一些。"

再举个例子，妻子问丈夫："这个周末你父母来家里吗？"妻子有可能只是想问问公公、婆婆这周末的安排，如果是这样，丈夫只要照实回答就行了。这是在**内容频道**的回应。也有可能妻子上周刚跟公公、婆婆吵过架，她还没有从上次的冲突里缓过来，现在心里还堵得慌。此时，丈夫最好先问问妻子当下的心情："你现在是不是心里面还不痛快，心结还没打开？"这是从**状态频道**回应妻子。但妻子也有可能是想跟丈夫说，希望这周末公公、婆婆先不要来，她想和老公、孩子一起来一场短途旅行。如果是这样，那丈夫可以说："还没确定，你想这个周末怎么过？"然后夫

妻俩一起商量周末的安排，这是直接回应妻子的**诉求**。如果妻子说这句话时表情严肃，语气中明显带着责备、质问和不满，甚至让丈夫觉得自己好像在被审问，那丈夫可能就需要停下来，和妻子谈谈两个人最近的关系，聊聊究竟妻子希望自己以后做哪些调整，自己又反过来希望妻子做哪些改变。这是通过看到妻子说话的**姿态**，而后进一步和她沟通。

说话人校准沟通频道 2 步法

说话人可运用"**先整理、再表达**"2 步法，让双方的沟通达到同频共振。

第 1 步，先整理

它是指我们在说话和做事前需要先想一想，整理清楚，究竟我们想在哪个频道向伴侣传递信息。以"据说 ××× 电影很好看"这句话为例，我们或许只是单纯地想跟伴侣分享"这部电影还不错"这条信息**内容**。又或者，我们想跟对方表达自己的心情**状态**——"我们好久都没一起看电影了，我觉得很郁闷。"再或者，我们想表达自己的某个**诉求**："我希望今晚你不要加班了，咱们一起去看电影。"还有一种可能，那就是我们想借此向伴侣声明我们期待与之沟通的**姿态**——"以前都是你主动提你感兴趣的话题，现在我想主动多分享一些。"

第 2 步，再表达

当我们想明白自己的沟通频道后，就可以选择自己想要"输出"的那个频道。直接、清楚、简单明了地输出，切忌拐弯抹角。

如果想让对方陪我们看电影，那就直接说："我想让你陪我去看电影。"如果想告诉对方我现在感觉很无聊，那就说："我现在感觉很无聊，想让你陪陪我。"如果只是想和对方聊聊这部电影，那就先看看对方现在有没有空闲和兴趣。如果有，那就说；如果没有，就暂缓。如果想借此跟对方谈谈两个人的关系，那就直接明了地把不满和想法说出来。当然，说话的时候我们需要注意避开"4骑士"和"6扇门"这些亲密关系"杀手"。

"三高爱人"

有的人可能觉得：不就说句话吗，怎么搞得那么复杂呢？又是校准说的频道，又是校准听的频道。如果每次都这样，还怎么轻松愉快地玩耍和过日子呢？确实，上面讲的这些方法并不是我们惯用的，所以刚开始用时必然感到费心费力，但是熟能生巧，只要有空、有精力时多尝试这样做，时间久了，它们慢慢地就会变成我们和伴侣沟通时的一种习惯。到那时，在伴侣看来，我们就变成了"智商高、情商高、表达水平高"的"三高爱人"。

愿大家在爱情里都能眼观六路、耳听八方，成为"三高爱人"。

17.
拒绝精神控制，不迷失在爱情中

亲密关系让人向往，但在追求亲密关系的过程中有时也会遇到一些令人不快甚至令人痛恨的情况。

精神控制

亲密关系中的**精神控制**估计大家都不陌生，指一方别有用心地利用不良技巧诱使对方与之交往，对对方进行"洗脑"，实行心理操控，以达到谋取各种利益的行为。精神控制的实施者既有男性也有女性。

我们平时热议最多的可能是如何识别和提防精神控制者，但说实话，这种人就像病毒一样，有时候真是防不胜防。最靠谱的方式是筑起心理健康防线，让那些想要精神控制我们的人无机可乘。很多时候，精神控制的发生不是"施虐方"单方面想做就能成功的，也需要"受虐方"的"配合"才能得逞。

要拒绝精神控制，我们需要先弄清楚两个问题：精神控制过程是怎么发生的？什么样的人容易被精神控制？

精神控制过程

我们以精神控制男为例。一般他常用的伎俩是在初相识时把自己伪装得熠熠光辉、光芒无限，以此吸引你，让你觉得他是如此细腻、温柔，是个完美爱人。他会不失时机地向你展示他有趣、浪漫和有男人味的一面，同时也会恰到好处地呈现他脆弱的一面。但是，他懂得"脆弱不能展现得太多"的原则，因为他知道，一个男人适当地表达脆弱能够让爱慕自己的女性对自己产生怜爱之心，而过度抱怨则会让对方心生反感，觉得自己懦弱、没骨气，进而疏远自己。

同时，他也会在你脆弱时及时出现，给予你最贴心的安抚；在你挫败时暖心地给予你赞扬和肯定，让你重拾信心；在你孤独时奇迹般地出现在你身边（哪怕跨越千山万水或牺牲自己的工作时间也在所不惜），给你最需要的陪伴，让你觉得在他眼中你最重要。总之就是让你忍不住惊叹：世界上怎么会有这么优秀、完美的人，能够集稳重、浪漫、柔情、真性情和正能量于一身！你会觉得，有这么优秀的人爱上自己，简直是上天的恩赐。你会觉得，离开他自己就活不下去了。

"男神"，我爱你，为你做什么我都愿意

容易被精神控制的人

我们以女性为例。如果她从小很少从家人那里得到肯定和认可，自我价值感特别低，或者习惯了本能地接收家人的负面情绪，并且会自动满足和照顾家人，那么遇到这样一个上天"赐"给她的精神控制男，很可能便是毁灭性虐恋的开始。

为什么这么说呢？因为每个人对**自身价值**的认识都分为两个部分：**基本自我**和**假性自我**。

基本自我指我们不依赖于外界的评价，对自己生而为人之价值的认可程度。一个人的基本自我越强大和越稳定，他就能越清晰地知道，与他人相比，自己具有的优势和劣势是什么。他们会肯定自己，但不会盲目自大。换句话说，基本自我奉行的是"我是谁由我说了算，我命由我不由天"的原则。

假性自我指我们依赖于外界的评价形成"我是好或坏"的印象。如果一个人的假性自我太强大，那么他会认为"别人说我好，我才是真的好"。也就是说，他对自身价值的所有肯定，几乎都来自身边人的认可。

我就是我，不一样的烟火。

我是什么样的"烟火"，由他人说了算。

评价

基本自我　　　　假性自我

读到这里，我们不难想到，什么样的父母容易培养出**基本自我强大**的孩子。就是那些在孩子的成长过程中看到他们的优点和进步，并且及时给予赞扬，在孩子感到脆弱时给予陪伴和安慰的父母。这些被父母肯定与接纳的记忆会成为孩子自我价值认可的"存款"，让他们觉得：不管世事多么无常，自己本身都是值得被爱和肯定的，因为从小父母传递给他们的信息便是如此。

这样的人长大后，在亲密关系中面对对方的否认和贬低时，虽然也会难过，但他们不会全盘认同对方的评价，不会认为"我就是像你说的那么糟糕"。相反，他们能坚定地反驳："那只是你的想法，我其实并没有那么糟糕。我是谁由我自己说了算。"他们能够抵抗他人的恶意。而当对方给予表扬时，他们虽然会感到欣慰，但不会过度沉迷。

相反，有些人从小不论做什么都得不到家人的肯定，经常被贬低得一文不值，同时又得不到家人的体谅和关心，甚至还被虐待。这样的人会形成强大的**假性自我**。他们做任何事可能都会小心谨慎，生怕哪件事做得不对就被家人嘲讽甚至抛弃。他们会觉得自己是如此卑微，因为本该给他们无条件积极关注与肯定的家人都对他们如此残忍。

正所谓从小缺什么，长大后就特别稀罕什么。这样的人成年后在亲密关系中也会对来自伴侣的赞扬和爱有异常热烈的、近乎

上瘾的渴望。只要对方给予自己一点虚假的爱或情感上的"小恩小惠"，自己就像中了魔一样，义无反顾地跟着对方走，受对方驱使。他们可能会在对方面前表现得极其卑微，对对方百依百顺甚至百般讨好，因为这是他们从小就学会的、在强势的家人面前能够保护自己并获得所谓爱的唯一方法。

被"训练"出来的讨好本能

如果这样的人再遇到一对只要不开心就会把情绪一股脑儿都抛给他们的父母，那可真是雪上加霜。在前文中我们也提到，如果父母自己拎不清，常常在孩子面前表现出无助、愤怒、悲

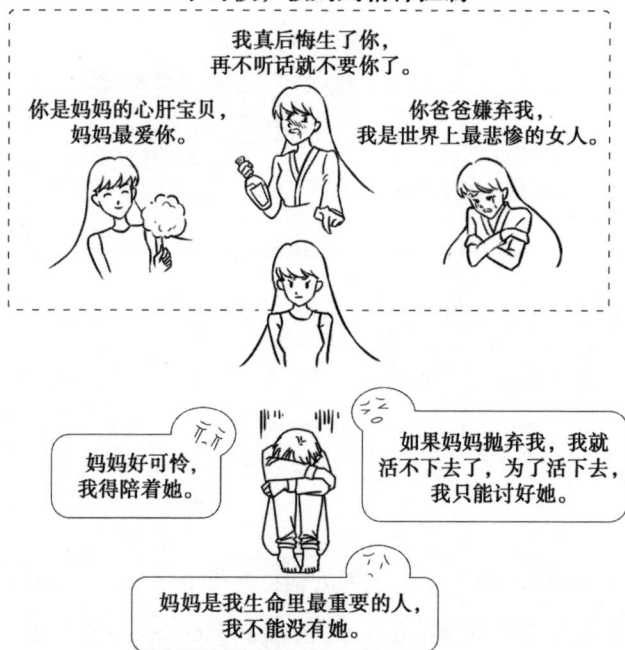

小时候，被妈妈精神控制

我真后悔生了你，
再不听话就不要你了。

你是妈妈的心肝宝贝，
妈妈最爱你。

你爸爸嫌弃我，
我是世界上最悲惨的女人。

妈妈好可怜，
我得陪着她。

如果妈妈抛弃我，我就
活不下去了，为了活下去，
我只能讨好她。

妈妈是我生命里最重要的人，
我不能没有她。

长大后，被女友精神控制

伤等情绪，而孩子每次又照单全收，即使自己再苦再累也会去安慰父母，久而久之，孩子很可能就被"训练"出那种只要一看到亲近的人有情绪和需要，就会自动地想安慰和满足对方的本能。

这样的孩子长大后便具备了"吸渣体质"。如果遇到一个像"吸血鬼"一样，不断在情感和经济上向他们索取的人，就很容易被拿捏得死死的。因为对方索取的行为本身会自动唤起埋藏在他们身体里的讨好本能，会像魔法一样控制着他们，让他们没办法向对方的不合理要求说"不"，即使伤害自己的身体和利益也在所不惜。相应地，精神控制者也喜欢找这样的人下手。

摆脱精神控制的内外功

虽然过去已经发生的无法改变，我们可能形成"吸渣体质"，但我们依然可以同时练"内外功"，表里兼修，不让自己陷入精神控制中。

内功：培养自我价值感

当你在和某人相处过程中感到挫败、对自己的价值产生怀疑时，记得提醒自己："或许现在的感觉只是一时的，我不一定真的那么差。"接着，你可以试着在过往的记忆里好好搜寻一下：我过去做过哪些让自己和他人都觉得很不错的事情？目前我正在做的自认为很不错的事情有哪些？我有哪些优点？具体是什么？

然后多想一想：塞翁失马，焉知非福。如果从不同的角度看自己的这些所谓缺点，或者过去发生的不好的事情，可以有哪些不一样的理解？我的这些所谓"短板"有哪些潜在的好处？

你可以试着在每次做上面的思考练习时都把自己的想法写下来，日后再翻阅。这样做可以在精神上"富养"和善待自己，增强自我接纳，让内在的自我价值认同更坚定，它是抵抗精神控制的"内功"，让我们可以抵抗外界的恶意。

恶意

不合理要求

自我价值感

外功：有策略地抵抗恶意和说"不"

当你面对来自他人的一些不合理要求或恶意时，别急着讨好对方，先在大脑中思考以下四个问题：对方对我的评价或要求是什么？隐藏在对方行为背后的心态和意图是什么？如果客观一点，我对自己的评价如何？如果坚定地拒绝对方的不合理要求，我会怎么做？然后，你可以按照自己设想的方式，尝试拒绝对方的不合理要求。这是帮我们对抗精神控制的"外功"，举例如下。

Q 对方的评价和要求。

A 男朋友跟我说："你很差劲，什么都做不好，所以你都得听我的。"

Q 关于对方隐藏心态和意图的猜测。

A 可能他很焦虑，不确定感很强，所以他想尽量把控一切。

Q 我对自己的评价。

A 我并不像他说的那么糟糕，起码我能为他人着想。

Q 我会怎么做？

A 我要大声地跟他说：我不是你说的那样。

> 上述内外功结合，希望可以助大家
> 在绝望时记得自己的珍贵，
> 爱己所爱，行己所行，抵抗恶意。

第三部分

父母也有多重角色

——不被养儿育女定义

这一部分主要关乎孩子降生后整个家庭——包括夫妻小家庭和各自的原生家庭——应该做哪些调整。其实，这是一个相当复杂的问题，因为不仅不同地区、文化、家庭和个人对于"孩子出生后，父母应该怎么当好父母，祖辈应该怎么当好祖辈"的看法各不相同，而且这些调整还涉及夫妻关系、夫妻各自与自己父母的关系及与对方父母的关系等多个层面。例如，有人觉得带孩子就是小夫妻自己的事，有人则认为孩子应该由老人负责照顾；有人认为"我们的下半辈子就是为了孩子活着的"，有人则觉得夫妻感情才是首位的；有人主张一切都应该听老人的，有人则坚持"我们的小家应该由我们自己说了算"。所以，要把这个阶段所有的潜在家庭问题和应对方式都厘清，着实是一项不可能完成的任务。但是不管如何，我还是尝试把一些国内家庭最常见的困难及相应的处理措施讲清楚，目的只有一个：让大家在孩子出生后既能继续做好夫妻，又能做好父母，同时也能做好自己，让"不被定义的人生"臻于完善。

❤ ❤ ❤

18.

留出空间，给每个人一定的自由

第一个孩子的降生对大部分夫妻来说可能都是"喜忧参半"。喜的是家庭迎来了一位新成员，从此家中多了一个声音，多了一份快乐。忧的可能是夫妻需要把原本属于自己和彼此的相当一部分**时间**和**精力**让出来照顾和陪伴孩子，甚至家中的**物理空间**也因孩子降生而需做出调整，以便让孩子健康成长。同时，夫妻还需要学习怎样以"孩子的父母"这一新身份相处与彼此合作。而上述这些转变对大部分人来说无疑是一项巨大的挑战。

要处理好这些挑战，夫妻就需要在**身份认同**、**精力和时间**及**物理空间**这 3 个方面给孩子、爱情和自己都留出空间。

平衡身份认同

为人父母后，小夫妻主要的**身份认同**包括对三种身份角色的认同。

第一种角色，父母

我们需要在心理上承认一件事：我们现在除了是夫妻以外，还是**孩子的父母**，需要为孩子的成长担负起相应的责任。也就是说，我们现在不是两个人吃饱，全家不饿了。我们的生命里多了一份甜蜜的责任——养育孩子。这个脆弱的新生命需要我们照顾，需要我们付出爱、精力和时间来陪伴和照顾。

一般而言，妻子更容易自然地进入母亲的角色，而丈夫要进入父亲的角色需要的时间会稍长一些。如果我们在孩子出生时对上述身份认同不够清楚，**心理上没做好当父母的准备**，就容易出问题。以一位男士为例。他自己的心智水平都像个孩子，生活上还需要自己的父母照顾，完全没有做好当父亲的准备。如果孩子在这种情况下降生，这位男士第一眼看到孩子时多半不会有"我终于当爸爸了"的喜悦感，更可能是感到恐惧、惊慌、不知所措和失落，所以他不知道该怎么面对这个只会哇哇哭，随时可能会向他提出情感需要的生命。而且，孩子的出生可能让他觉得自己在家里"失宠"了，不再是可以单方面享受长辈照顾的那个"小孩"了，所以失落感会油然而生。在这种心态的影响下，他要么可能会把自己和妻儿的距离拉得很远，以各种理由拒绝照顾孩子，甚至自己搬出去单独居住，以此屏蔽"做父亲"这件事带给自己的焦虑。要么可能会变得易怒、焦虑或抑郁，用这些情绪表达自己内心的不安。要么可能会拼命地在自己父母和妻子面前跟孩子争宠，搞得家里不得安宁。

为避免出现上述情况，夫妻需要早做准备。首先，怀孩子前，夫妻二人需要认真地商量，究竟当下要不要生小孩，而且在做这个决定时，不同家人意愿的优先级一般应该是夫妻自己、父母、家里的其他长辈。也就是说，夫妻需要自己觉得做好了生孩子的准备才行，不能仅仅抱着"父母和家里长辈希望我们生个孩子，生下来由他们养"的想法就草率地做决定。因为夫妻才是孩子的父母，才是在接下来漫长的岁月里要和孩子建立依恋关系的人，所以不该把这些责任一股脑地抛给自己的父母。总之一句话，自己做好了当父母的准备，为了自己的意愿而要孩子，才是最佳选择。

其次，在妻子十月怀胎期间，夫妻双方需要尽量抽时间陪伴彼此。这里的陪伴不仅包括一起聊天、吃饭、散步、娱乐，还包括在时间允许的情况下丈夫尽量陪妻子做产检，一起置办婴儿用品、布置孩子的房间，一起为孩子的出生做实际生活方面的准备。这个过程不但可以让夫妻在现实层面和心理层面提前进入父母的角色，而且有利于进一步增进夫妻的感情，一举多得。换言之，丈夫在妻子孕期给予妻子的陪伴可以说是超值的"铂金陪伴"。

最后，在孩子出生后，夫妻也需要对彼此作为父母的角色给予更多的肯定和认同。妻子最好能定期向丈夫传递一条信息："我觉得你现在不仅是个好老公，还是个好爸爸。"丈夫也需要肯定妻子："在我眼里，你现在不仅是个好妻子，还是个好妈妈。"即使有时觉得对方做得不尽如人意，也需要给予鼓励："虽然你没法一下做得很好，但是你已经在努力了，并且也有进步，这就很好了。"

第二种角色，伴侣

除了扮演好父母的角色以外，我们也需要继续努力维持自己**好伴侣**的身份。也就是需要坚定地告诉自己另一件事：我们在学习怎么做父母的同时，也需要继续花时间和精力保养我们的爱情，因为稳固的伴侣关系才是小家庭的基石。

在许多家庭里，这一点特别容易被忽略。不少伴侣很容易在孩子出生后把所有精力都放在孩子身上，而忽略了伴侣的情感需要。例如，有的丈夫会跟妻子说："孩子是最重要的，你就别要求那么多了。"有的妻子会告诉丈夫："从现在开始，我们生活的重心就是孩子，我们自己的需要都要为孩子让位。"这样的态度会让对方感到自己被忽视，内心产生强烈的失落感和无价值感，不利于维系和谐的伴侣关系。因此，建议为人父母的伴侣即便再忙，也要在照顾孩子之余抽出时间，抓住一切机会和对方单独相处，说说悄悄话，一起做双方都感兴趣的事，哪怕每天只有半小时享受二人世界。换句话说，孩子很重要，但也不能"只顾孩子，不顾伴侣"。至于维持亲密关系活力的具体方法，可参见本书的第二部分。

第三种角色，自身

同时，我们要维持"我是一个独立个体"的**个体身份认同**。虽然照顾孩子会占用很多精力和时间，但我们不能忘记自己的兴趣爱好、情感需要和发展愿望。每天在照看孩子之余，也要抽出时间照顾自己的需要，在身体条件允许的情况下做一些自己感兴趣、让自己放松的事情，如读书、刷短视频、刷朋友圈、玩游戏等。

同时，如果妻子在坐月子期间对丈夫和长辈的某些做法有所不满，最好也不要压抑自己，可以直接讲出来，寻求协商的可能。因为作为孩子最亲密的依恋对象，如果妈妈自身情绪不佳，甚至极度压抑，情绪很容易传染给婴儿。不要认为"孩子还小，还不懂事，感觉不到大人的情绪"，最新的母婴互动研究已经证明，即

使是刚出生的婴儿，也会对周遭环境里大人的冲突、情绪和声响有反应。

以上三种身份认同尽管比重各不相同，但对和谐的家庭养育环境都不可或缺，所以要做好三者的平衡。

平衡精力和时间

在平衡身份认同的同时，我们也需要**平衡精力和时间**。也就是说，我们需要考虑，以前投注在自己和伴侣身上的时间，哪些部分需要缩减或暂时舍弃，以便自己可以照顾孩子。例如，之前丈夫工作繁忙，早出晚归，周末与朋友会面，没有时间陪伴家人。现在有孩子了，需要考虑每天早点回家，周末也不能心无旁骛地和朋友出去钓鱼、打球，而是要留出一些时间陪伴妻子和孩子。有的丈夫在家里有孩子前每天一回家就往沙发上一坐，刷手机或打游戏，现在则需要做出改变，每天回家后起码要看看孩子今天怎么样，抱抱孩子，和孩子说说话、玩一玩，主动问问妻子（包括帮忙带孩子的长辈等）这一天过得如何、带孩子辛不辛苦，和家人聊聊天。

这时，许多人最容易犯的错误是自顾自地决定时间安排，而不考虑伴侣的需要，不和伴侣商量。这种做法很容易让对方感到愤怒、悲伤和失落，甚至可能会觉得伴侣自私、没有责任心。所以，这个时候伴侣之间的协商就显得尤为重要。我们需要记住一点：凡是涉及孩子和伴侣的事情，最好都要和对方商量一下，或者至少提前打声招呼。例如，丈夫最近工作有变动，或者想要创业，可能短期内陪伴孩子和妻子的时间会减少，他不能自顾自地决定，起码要提前跟妻子进行沟通，听听她的想法和意见，也让她在思想和现实生活上都能有所准备。

我的世界从此以后多了一个你，每天多了一出戏。

留出物理空间

孩子出生后，个人、伴侣、孩子、家里的老人（如果同住）、保姆（如有）仍然需要有各自相对独立的物理空间。请注意，这里说的**"物理空间"**是一个**广义**的概念，不是说每个人必须有独立的房间（对许多家庭来说，这也是不可能实现的），而是说大家都需要在家里或家外给自己找一个相对安静的物理空间，让自己可以在烦躁不安、需要独处时在这个地方自己待一会儿，调整心情，补充能量。

这个空间可以是**静态**的，也可以是**移动**的。前者可以是家里的一个房间、一个角落（如飘窗、阳台）、办公室，还有床、卧室，以及平时散步的小区绿地、常去的某个商场或咖啡店。后者包括每天上下班乘坐的公交或地铁上、私家车内，以及从公司骑车回家的路上等。它们不一定是空的、一个人都没有，只要我们在这个空间中能感到自己从照顾孩子的繁重任务中暂时抽身出来，可以放松心情就好。

同时，孩子也需要有自己的物理空间。例如，对于刚出生的孩子，可以考虑在父母的房间里给孩子安放一张婴儿床。这样既能让父母及时地注意到孩子的声响和需要并给予满足，又能让孩子在想睡觉时可以进入这个"能被父母及时看到和接触到的独立空间里"好好睡一觉。当然，对刚出生不久的孩子来说，晚上和父母同睡一张床，保持和父母充足的身体接触是必需的，这可以增强父母和孩子的依恋联结。

随着孩子年龄的增长，父母给孩子的独立物理空间应该越来越大。从最开始的一张婴儿床，到允许孩子在房间的角落或自己的床上搭建一个属于自己的小帐篷，再到经济条件允许时给孩子一个独立的房间。这样做不仅能培养孩子的独立性和维护自我隐私的意识，也能让孩子感受到"父母看到了我的成长，尊重我的需要"。

最后再强调一下，在第一个孩子出生后，作为"新晋父母"，我们要做的不是只做好某个角色身份而完全抛弃其他的角色身份，而是要兼顾身份认同的平衡；也不是只做某件事而放弃其他事，而要保持精力和时间的平衡；更不是只能在某个地方待着而其他地方都不能去，而要做到物理空间的平衡。我们要做的是在**父母、伴侣**和**自身**这 3 种生活模式之间达成新的**平衡**，尝试同时照顾好孩子、爱人和自己。换言之，**我们要的是平衡，而不是舍弃**。

分工合理，共同承担责任

第一个孩子出生时，夫妻都必须面对的一个核心问题是：在照顾孩子和家庭责任上如何重新分工。

需要分工的事项

需要分工的事项很多，大体分为四个方面。

照顾孩子

照顾孩子包括任何涉及孩子饮食、起居、玩耍、学习的事情。例如，谁负责换尿不湿，晚上孩子醒了谁起来照看，谁给孩子喂饭，谁带孩子遛弯儿，谁陪孩子玩，谁带孩子上兴趣班，谁指导孩子做作业，等等。

家务琐事

这也是让无数新晋父母一提起来就心烦的事，包括谁打扫家里的卫生，谁买菜，谁做饭，谁洗碗筷，家人生病了谁负责照顾，等等。

经济开支和事业发展

这个方面一是涉及家庭的经济收入和花销，包括谁担当家庭赚钱主力、谁管钱等；二是涉及夫妻对各自职业发展目标的重新定位和规划，自己是安心地做一个全职妈妈或全职爸爸，还是想继续发展事业。

人情往来与沟通

这个方面指孩子出生后，如果亲戚、朋友来看孩子，谁负责联络、接待和日程安排。如果在照顾孩子和家庭生活安排这些事情上和祖辈有冲突，谁负责协商和沟通。

7招实现合理分工

如果夫妻对上述事情有商有量，商定的方案大家都基本满意，那么日子就好过一些，否则就容易产生矛盾。为了让分工更合理、高效，大家可试试以下 **7招**。

要想养好娃，这"7条路"都要走好。

先小家，再大家
及时补位和助攻
提前分工或操练
相互"拍马屁"
态度主动
扬长避短、优势取向
适当轮换

第1招，先小家，再大家

如果夫妻之间对于上述事情的分工有分歧，建议两个人先协商，得出一些初步的解决方案，再告知涉及的双方父母或家里其他人（如帮忙照顾孩子的某个亲戚或保姆）相关人员，征询他们的意见。总之，在关于小家庭的事情上，夫妻千万不要跳过对方，"越级"又"越界"地把其他人牵涉进来，这样很容易让对方觉得自己不被尊重。

第2招，提前分工或操练

指双方对于孩子出生后各项事情的分工和实践最好在孩子出生前或妻子怀孕前就提前有一些设想和商量，如果有条件，甚至可以适当地提前观摩、操练和安排。例如，看看网上一些靠谱的宝宝抚触教学视频，提前了解哺乳技巧，提前学做宝宝和产妇营养餐，各自工作安排的提前调整，等等。这样的提前练兵可以让夫妻在孩子出生时更容易稳住阵脚。

第3招，态度主动

指不要被动地等着对方或家人给自己指派任务，而是主动领任务，和对方商量想办法。许多夫妻的心态都是"不怕做不好，就怕没人主动做"，宁愿对方主动承担责任，即使做错也没关系，也不想对方偷懒装傻，赖在原地不作为。例如，丈夫周末愿意主动买菜，照着食谱给孩子和妻子做饭，就算做得不是那么美味，但这份主动的态度就比食物本身的味道显得更重要。

同时，当一方在积极地做事时，另一方也需要看到对方的付出和用心，并且及时反馈，多给对方一些肯定和表扬。这样，付

出的一方才会更有持续的干劲和热情，这叫"正强化"。假如丈夫
今天收拾了屋子，即使不尽如人意，妻子也不要挖苦和批评，可
以先跟丈夫说"你今天收拾了屋子，我要给你点个赞"，然后再
提具体建议。千万不要对方做什么你都挑出对方做得不妥当之处，
这样对方就更不愿意做事了。

第4招，扬长避短、优势取向

在第一个孩子刚出生时，大部分夫妻都处于心身俱疲，体力、
财力和时间超负荷的状态。此时，大家的分工就更要讲究扬长避
短，最大限度地发挥自己的优势和能力，才能事半功倍。例如，
妻子赚钱的能力更强，每小时工作获得的经济回报更多，家庭也

需要钱，那么她可以在产假结束后，在保证每天和孩子、家庭的基本情感联结的前提下尽早返岗。而丈夫相对更细腻，更善于操持家务，他可以在保证完成基本工作的前提下（有时候，如果夫妻达成协议，甚至暂停工作也可以），适当多承担照顾家庭和孩子的责任。总之，保证家里每个人都找到最适合自己的位置，把自己的特长发挥出来就行。"正常发挥一分的能力，用一分的力气得到两分的回报"，这种"量身定做＋优势取向"的策略优于那种赶鸭子上架、逼着对方承担不擅长的家庭分工的策略。

第 5 招，及时补位和助攻

如上所述，夫妻俩可以根据各自的特长商定分工，但这个规矩也不能过于死板，需要有一定的"临时变通机制"和弹性。例如，商量好由妻子"主打"照顾孩子，但今天她被迫留在公司加班，这时，丈夫就需要**"及时补位"**，早点回家照顾孩子、做家务、辅导孩子做作业，不能双手往胸前一抱，或者回家后往沙发里来个"葛优瘫"，干瞪眼，说这不是我的责任，我不干。

然后是**"助攻"**，就是当夫妻一方在完成由自己主要负责的任务时，另一方不能像没事儿人一样，只是双手叉着腰，眼睁睁地看着对方一个人辛苦，而需要在自己力所能及的范围内给对方一些情感和行动上的支持。例如，妻子一天照顾孩子和做家务很累，那丈夫回家后起码要言语上关心一下妻子，关心她今天过得怎么样，肯定她照顾孩子的付出，询问有没有什么需要帮忙或者想和他商量的。在看到妻子给孩子换尿不湿时，丈夫可以关切地站在旁边看着，接一下妻子给孩子换下来的尿不湿，帮忙扔到垃圾桶里。不要小看这些夫妻彼此"助攻"和"补位"的细碎琐事，它们像大家的"感情存款"，会存入大家亲密关系质量的"基建银行"里，让夫妻感情更稳固。换句话说，如果是妻子主要负责照顾孩子，即使丈夫不能在大部分时间里直接接触孩子，那么他也需要通过关心、体谅和支持妻子，从而间接地履行自己为人父的责任。

第 6 招，适当轮换

虽然夫妻事先做好了家里家外各种事项的分工，但分工还是尽可能要有定期或不定期的"轮岗"。例如，本来一直是丈夫辅导孩子做作业，如果某些天丈夫特别累，就需要和妻子商量，这几天里孩子"首辅大臣"的岗位能不能由妻子暂代，让丈夫休息休息。再举个例子，本来一直都是妻子半夜起来照看孩子，这几天丈夫请了公休或年假，那么可以尝试晚上让妻子睡个安稳觉，夜里丈夫起来照看孩子。这样的轮岗能让每个人都有适当的休养生息的机会，避免"苦大仇深"的负面情绪在家人心中累积。

我们是合作无间的队友。

养家、养娃这一路上有我给你助攻传球。

带娃、管家这一路上有我随时给你做替补。

第 7 招，相互"拍马屁"

对绝大部分新晋父母来说，有了孩子后，既要分配精力照顾孩子，还得赚钱养家，这让人疲于应对。但如果一方在做事的时候旁边的伴侣能夸夸自己、"拍拍自己马屁"，那这份差事累点儿、苦点儿也并非不能忍受。最令人讨厌的就是自己干着劳心劳力的活儿，伴侣还在旁边对自己指手画脚、评头论足，甚至动辄否定、贬低和批评自己，让人感觉吃力不讨好。这时，很多父母真的会有"你不仅不做事，还只会瞎叨叨。我不干了，你行你上啊"这类想法，甚至很有可能直接撂挑子不干了。

所以，重复一下上文讲过的内容，强烈建议大家在平日里想方设法地多夸夸自己的伴侣，不要吝啬你的赞美。哪怕在你看来

再不值一提的一句夸奖，可能都是对方期盼已久的，或者对对方而言至关重要的。例如，妻子今天做的菜不是很好吃，但丈夫起码可以说一句"老婆你今天买了这么多菜，花心思做了这么多菜式，辛苦啦"。所谓"蚊蚋也是肉"，再小的夸赞也能成为夫妻"感情银行"里的宝贵"存款"，日后俩人吵架甚至想要放弃这段关系时，及时提取这些"存款"可以挽救大家的感情。所以，即使有了孩子，夫妻之间"拍马屁"的步伐也不能停。

规避 3 个陷阱

在运用上述 7 招时，夫妻也要避开 3 个陷阱。

陷阱 1，完全放弃自身发展

这是指夫妻一方（大部分是妻子）在有了孩子后完全不工作，放弃自己的职业发展和事业价值。我见过太多这样的案例，不少父母为了"在身体、生活和情感上照顾好孩子，全心全意地教育好孩子"，完全放弃了自己的工作和职业发展，把"养出一个心身健康的优秀孩子"当作自己后半生的唯一事业。这种做法相当于把自己的后半生全部押在了孩子身上，而孩子作为"被押宝"的那个人，不但要承担自己人生成败的责任，还要承担某一方父母下半生人生荣辱的责任，可想而知，孩子要承受的压力有多大！

此外，放弃自己的职业发展，相当于主动放弃了自己的经济独立权，日后的吃穿用度全系于伴侣。所谓"经济基础决定上层建筑"，你经济上不独立，不能养活自己，在家里难免就缺少话语权，凡事难免受制于人。同时，因为多年不工作、不接触社会，你在世界观、朋友圈、生存能力和知识面上可能也会全方位落后于伴侣，思想上难以和对方同步，这很可能会让对方越来越嫌弃你，觉得你没品位，而且可能还会说你对家庭没有贡献，不工作，孩子也没教育好。到了那一天，你可能又会很委屈："当时明明是你承诺我的，让我别出去工作，让我安心在家照顾家庭和孩子，说你会养我，为什么现在又嫌我没用，嫌我配不上你，你这样对得起我吗？早知这样，我当年就不该放弃自己的工作。"此时，后悔也于事无补。所以，还是要坚持"自己动手，丰衣足食，自己花的钱自己赚"的原则！

陷阱 2，相互拆台

这是指夫妻在照顾孩子和家庭的事情上，不但不相互关心、支持、助攻和补位，还经常当着孩子和老人的面相互攻击，或者在背地里使小心思拆对方的台。例如，丈夫对妻子给孩子安排的学习任务不满时，他不想着先去和妻子商量，反倒是经常背地里在孩子面前说妻子的坏话，怂恿孩子对抗自己的妈妈，这种就是典型的"不是神助攻，反而扯后腿"。

陷阱 3，彼此侮辱和蔑视

这是和前文的相互"拍马屁"相反的做法，就是夫妻不管看到对方做什么，本能的反应都是贬低、侮辱和评价，这种"双手叉腰，只骂不做"的"套路"几乎会让所有的伴侣都心生厌恶。至于哪些表达沟通方式属于侮辱和蔑视，我在前文中已经详细阐述。

愿大家都能搭上合理分工 7 招的车，绕开 3 个陷阱，在照顾孩子和家庭时找到与彼此最佳的合作方式。

20.

边界清晰，让小家和大家有各自的生活

　　在我国，常见的一种情况是（外）祖父母和年轻夫妻同住，帮着带孩子。这种生活方式有好处，也有一些潜在的风险。

　　好处是老人可以搭把手，帮助年轻夫妻分担一部分照顾孩子的任务，让他们白天可以安心工作，晚上可以睡得安稳。同时，不少老人退休后生活节奏突然变得很悠闲，期待已久的自由自在难以抵消无事可做的空虚寂寞。带孩子可以让他们重获被需要的价值感，由此与家里年轻人产生的更多互动也让他们与小辈的情感联结更紧密。

　　潜在的风险也很明显：老人可能会借着带孩子这个切入点渐渐接管小家庭的管理权，或者有意无意地借着带孩子这件事干涉小家庭的规则，对年轻夫妻的育儿方式和日常生活指手画脚、评头论足，甚至越俎代庖，把自己的子女挤到一边，成为孙辈心理意义上的父母。在有的家庭里，年轻夫妻中的一方还会与自己的父母结成"跨代同盟军"，对抗和"收拾"另一方，如一个"妈宝男"丈夫与自己的父母结成一个阵营排挤妻子。大家在生活里和电影、电视剧里会看到这种混乱的情况，也自然了解这会搞得大家难以好好过日子。

在心理学专业上，我们把这种老人手伸得太长，插手小家庭事务过多的情况称为**"原生家庭和小家庭边界的混淆"**。那么，作为新晋父母，年轻夫妻可以做些什么来避免这种"天下大乱"的情况呢？我们需要遵守5个策略：①自我修炼，提高分化；②主动负责，先发制人；③夫妻齐心，守好边界；④给爱合理排序；⑤言明规则。

自我修炼，提高分化

如前文所述，一个心理不成熟、低分化的人，在结婚和自己有了孩子以后依旧特别容易继续依赖自己的父母。例如，一对从小被父母过度宠溺的年轻夫妻在为人父母后，不会给孩子换尿不湿、也不愿意学，孩子的衣服也不洗，那这些事就只能由老人来做。俗话说：拿人手短，吃人嘴软。如果你自己还像个孩子一样，事事需要老人照顾，那就意味着你把自己、自己的小家庭乃至自己孩子的生活管理权都交给了老人，把他们推上了家庭"大管家"的位置，那你也就别埋怨老人成天对你指手画脚了。

所以，守住自己小家庭的边界，守住自己作为孩子父母权威的最有力的做法之一，就是修炼自己，提高自己的生活、工作和照顾孩子的能力。在个体层面怎么提高自我成熟度，大家可以参考本书前文的相关内容。至于怎样通过具体行动在现在的家庭里提高自己的能力，请接着往下读。

要当好父母，
自我成长的内功要修炼好。

主动负责，先发制人

我们需要在工作之余想一想，关于孩子照顾、家务打理、家庭事务决定方面的哪些事需要自己负责和参与并主动承担起来。这样，"我们往前一步主动承担，老人往后一步逐渐放手"的家庭互动就会反复出现。慢慢地，就像练习跳舞时，同样的动作练得多了，会逐渐变成本能反应，一家人的互动亦是如此。这时，"平时下班时间和周末，孩子和家里的一切由年轻夫妻说了算"的家庭新规则和"新舞步"就形成了。老人也就慢慢地习惯主动让权，把小家庭"管家"的位置还给年轻夫妻。例如，平时都是外公、外婆带孩子去遛弯，到周末年轻夫妻休息了，就需要主动带孩子出去。这样既可以让老人休息一下，又可以帮助父母和孩子建立情感联结；既可以向老人传递"我们能照顾好孩子"这样一条重要信息，

又可以让其他人知道我们是孩子的父母，间接地通过其他人的反馈强化孩子心目中对父母的印象。即使平日我们需要上班不能陪在孩子身边，周围的人见到孩子时可能也会问："你爸爸或妈妈今天上班了吗？"这样一来，即使我们平日是缺席的，也能适当地借其他人的嘴间接增加孩子跟我们的情感联结，何乐而不为呢？

夫妻齐心，守好边界

在有的家庭里，老人比较"厉害"，之前可能在单位里是一把手。退休后，这种管理习惯就会"转战"到家庭里，管东管西，不肯让步和放权。在这种情况下，年轻夫妻如果只是通过个人努力和"孤军奋战"试图守住自己小家庭的边界、拿回管理权，可能有些困难。此时，年轻夫妻需要团结一心，组成盟友，在老人面前展现出更多的**默契跟合作**，向老人传递一条信息："我俩是一条心，我们要成为自己小家庭的主人。"这样，老人就会逐渐意识到，年轻夫妻是彼此最坚定的盟友，他们的外围有一条难以逾越的"边境线"，自己想要插手，不仅需要同时挑战他们的信念，还要挑战他们彼此之间的信任。这样，夫妻间的合作就实现了"1+1 > 2"的效果。

具体而言，我们平日里需要注意一些生活中的细节，运用一些技巧。

首先，当夫妻中的一方和老人就某些事情产生分歧时，另一方在态度和情感上需要尽量表达对伴侣的支持。即使我们内心对彼此管教孩子或处理某件事的方法心有不满，在老人在场时"气势"上最好也要做出支持伴侣的样子，诸如"虽然关于这件事有一些细节还要再商量，但我总体是支持我老婆的"。至于具体的意见和不满，可以等到老人不在场时俩人再交流。切忌在老人面前相互拆台、贬低和指责，因为这样不但很容易让老人看到两人关系里的"嫌隙"，而且也会让老人内心无法平静，毕竟一个是自己的亲生儿女，另一个是自己亲生儿女的法定伴侣，见到他们吵架，不管不行，但管吧，说谁都不好。

其次，夫妻平日里需要经常在老人面前多夸夸对方，例如，妻子时不时地在自己父母和公婆面前说丈夫的好话。时间久了，老人就会知道年轻夫妻俩很恩爱，这样老人也会更放心，更信任年轻夫妻，相信他俩能联手把家里家外的事处理好，自然也就插手得越来越少。

孩子大了，家该交给他们自己管了。

夫妻同心，共建美好小家庭。

小家庭"边境线"

最后，夫妻也要记得多在孩子面前说彼此的好话，诸如"我觉得妈妈上次跟你讲的那些道理还是挺中肯的"。这样孩子也会觉得父母是能够合作的，会感觉在这个家里父母管教自己的"权力光环"更耀眼。这样一来，当下次老人和年轻夫妻对孩子的管教出现分歧时，孩子自然更倾向于听自己父母的意见。

给爱合理排序

有了孩子以后，夫妻在心里把谁放在最重要、最在乎的位置。在平日咨询里，我见过很多夫妻把孩子、父母或兄弟姐妹的重要性放在伴侣之前，甚至有的人把伴侣排在最后一位。其结果大部分是，要么孩子被全家过度关注、宠溺，最后变得不服管束；要么夫妻觉得对方不在乎、不尊重自己，相互指责；或者父母、孩子、老人相互妒忌、争宠、抢班夺权，家里乱作一团，整日不得安宁。

要避免上述情况的出现，建议大家把家人对自己的重要性按如下排序：**伴侣、孩子、父母、兄弟姐妹等**。夫妻关系作为小家庭的基石，永远需要被放在最重要的位置，需要优先照顾和维系，然后才是孩子、父母和其他家人。当然，如果伴侣之间已经处于水火不容、彼此根本不在乎的"婚姻分裂"的状态，那么要另当别论，此时就需要重新排序了。并且，这种排序体现在**情感陪伴和生活照顾、实际决策、经济分配**等多个方面。

在**情感陪伴和生活照顾**方面，如前文所述，伴侣为人父母后即使再忙，也需要彼此陪伴、关心和安慰，并且尽量找时间享受二人世界，不能平时只顾陪伴和照顾孩子、老人等，对自己的伴侣不理不睬。当然，在孩子和老人所处的不同年龄阶段，他们情感上需要和年轻夫妻的亲近程度会有所变化，对生活照顾的需求度也会有变化。以孩子为例。一般在婴儿期和幼儿期（0～6岁），他们需要和父母亲近一些，到学龄期（7～12岁）他们和父母的距离会逐渐拉远，到了青春期，孩子需要更多的独立空间。对老人而言，他们身体还硬朗时可能不需要年轻夫妻的照顾，但随着年龄增长或身患疾病，就需要年轻夫妻给予更多的照顾。不管是上述哪种情况，夫妻在常态上都需要把彼此放在第一位。也就是说，和孩子、老人的亲近程度最好不要超过跟伴侣的亲近程度。

在**实际决策**方面，如果伴侣的意见和老人、孩子或其他家人的不一样，最好优先照顾伴侣的想法，在此基础上再尽量做到"雨露均沾"，照顾其他家人的需求。例如，奶奶觉得自己可以帮孙子洗澡，但妈妈觉得孩子长大了，需要让他学会自己洗澡，这时，建议丈夫支持妻子的决策，事后找机会再单独跟奶奶说明，安慰一下老人。

在**经济分配**方面，指日常家庭开支方面需要把钱优先花在伴侣和小家庭身上，然后才是父母和其他家人。我们不能每个月自己收入 10 000 元，第一反应就是先给自己那个不学无术的弟弟打5 000 元，或者未取得伴侣的同意就把大部分钱都给父母，结果搞得自己的小家庭需要节衣缩食，夫妻的日子也过不下去。当然，如果某位家人有急事需要"江湖救急"，或者父母没有稳定收入需要赡养，这部分的费用肯定要列入我们临时或常规支出的清单。

特别是赡养父母，子女责无旁贷。但是，一定要记得征询伴侣的意见，获得对方的同意。即使夫妻二人的意见没法马上达成一致，也要知会对方一声，以表达对对方作为"小家庭男/女主人"的地位的尊重。

读到这里，估计大家也知道了，当今社会大家吐槽最多的一些现象，如"妈宝男""扶弟魔"，基本属于前文讲的爱的排序错位，原生家庭和小家庭边界不清的情况。如果我们不想让这些情况在自己的家庭里出现，那么就把爱的重要性排好序吧。

妻子
女儿
父母
姐姐
1
2
3
4
爱的排序

言明规则

夫妻两人需要用**语言**或**行动**把小家庭的规则传递给老人和孩子，以体现"我们是家庭的主心骨，许多事应该由我们说了算，要和我们商量"这一规则。

语言上，夫妻在平时可以定期跟老人、孩子召开家庭会议，大家讨论并说明家庭规则，包括哪些事情由夫妻自己负责，哪些事情由老人说了算，哪些事需要大家都参与决策，等等。或者在遇到具体的事情时声明自己的底线和需要。

行动上，夫妻通过主动承担责任、两人齐心、守好边界等一系列行动，直接和老人、孩子打磨出新的家庭规则。例如，以前孩子每天的日程都由爷爷、奶奶安排，现在夫妻尝试从孩子周末学习任务的安排开始接手。虽然爷爷、奶奶最开始会对夫妻的一些想法表示反对，但夫妻会一起坚持自己的主张，同时还把自己对孩子管教的影响范围逐渐扩大到玩耍、交友等其他事情上。这样多次重复，磨合得多了，夫妻一般都能树立自己在家里中的"男主人/女主人"位置。

细心的朋友可能也发现了，这5个策略是相互促进的。越成熟的夫妻，一般越能主动承担责任。承担的责任越多，得到伴侣的欣赏和支持就越多，俩人在彼此心中就越重要，也就越有话语权。这样一来，夫妻二人就越容易一条心，也就更容易在家里立好规矩。

亲兄弟明算账，一家人也要讲规则。

最后还想澄清一点，跟大家分享上面策略的目的，不是要让大家背叛、打压家中的老人，更不是要大家完全切断与原生家庭的情感联结，做家里的"孤勇者"。而是希望年轻夫妻在经营好自己小家庭的同时，也能和自己的大家庭"既亲密又独立，既有来有往又各自安好"。

愿大家都能在自己的小家庭和大家庭之间建立一条"既坚固又温情"的边界。

21.
化解矛盾，与对方父母和而不同

令不少夫妻头痛的另一件事情是**与双方父母或家人有冲突**，如最常见的婆媳冲突、翁婿冲突。对许多夫妻来说，在没有孩子的时候，这个问题或许在可控范围内，因为平时可能不和对方父母住在一个屋檐下，大家见面少，打交道的机会也少，好多问题可以暂时回避，即便有矛盾也可以"眼不见，心不烦"。但有了孩子以后，对方父母会过来帮忙带孩子，会"进驻"小家庭，大家每天低头不见抬头见，这个问题就不可避免了。如果我们要深挖这些冲突背后的原因，大概有 6 类，其相应的处理方法也各有不同。

第 1 类，自己不努力、能力不足

如前文所述，有人成家和有孩子后，自己还整天优哉游哉，工作、赚钱、照顾孩子和家庭都不上心，也不努力。有这种生活习惯的人，除非原生家庭可以给予你强有力的经济或职业支持，否则一般都会引来对方父母的嫌弃和厌恶，久而久之，就容易从针对行为上升到针对人，看你哪里都不顺眼。

如果是这种局面，可以按照前文所述的建议，提高自己的职业能力、心理成熟度，或者主动多承担照顾家庭、伴侣和孩子的责任。不管怎么说，赚钱和照顾家庭，总要占一头，否则伴侣一人撑起全家，你在家里存在的意义是什么呢?

第 2 类，与原生家庭过度纠缠

有的人与自己的原生家庭在情感上和生活中过度纠缠，自己虽然已经成家且有了孩子，但心理上还是自己父母的小宝宝，包括生活、情感、大事决策和经济上仍然依赖老人。这种"和原生家庭走得太近"的情况很容易造成伴侣的嫉妒和不满。例如，丈夫是"妈宝男"，不管遇到什么事，他给妻子的答复永远都是"我妈说……"。可以想象，和这样的男人过日子，妻子心里得有多憋

屈，她可能会觉得不管自己怎么努力，都没有办法把这个人从她
婆婆的乖儿子真正变成自己的丈夫。久而久之，妻子就容易对婆
婆甚至丈夫家的亲戚产生愤怒，觉得是他们抢走了自己的丈夫。如
果是这种情况，建议与自己原生家庭过度纠缠的一方先学会自我成
长，与原生家庭建立恰当的边界。具体做法参考本书前文内容。

第 3 类，老人过度控制

在有的家庭里，老人平时就容易事事操心，加上性格强势，
自身能干，容易让人觉得他们凡事都想干涉年轻夫妻小家庭的事
情，这就容易引起对方的警惕和抵抗。例如，婆婆觉得儿子是自
己带大的，自己养孩子经验丰富，那孙子也该交由自己带，结果
儿媳妇就很生气，觉得婆婆是想夺自己的权，婆媳之间就容易产
生矛盾。这时，如果丈夫偏向自己的妈妈，或者在两个女人间摇
摆不定，就更容易让婆媳之间的紧张关系升级，最后使妻子把矛
头指向丈夫。丈夫被指责后，要么更偏心自己的妈妈，要么为
"避祸"而逃得远远的，留下婆媳俩在家里争斗，其结果往往就是
三个人都不开心。又比如，老丈人自己在事业上很成功，在单位
也是领导，平时在工作中习惯了对他人发号施令，现在对女婿亦
是如此，这就很容易招来女婿的不满，觉得老丈人颐指气使。

如果面对这种情况，建议夫妻参照前文所述，在爱的排序方
面把对方放在第一位，凡事多尊重伴侣的意见和需要，夫妻尽量
先就各项事宜达成一致意见，再和老人沟通。同时，尽量在自家
亲戚面前多夸夸伴侣，帮对方树立良好的形象，这样更有利于小

家庭建立恰当的边界，让过度操心的老人"知难而退"。

亲爱的，没事，咱们团结一致，我爸爸就没辙了。

第 4 类，夫妻之间存在没有解决的冲突

有时候我们会说：婆媳冲突也好，翁婿冲突也罢，说到底都是婚姻冲突。此话怎讲呢？不少伴侣之间有陈年旧账没算清，有了孩子以后要么继续互怼，要么继续粉饰太平。老人来了以后，大家同住一个屋檐下，这些没有解决的冲突难免会被老人察觉到，对他们的心情产生影响。甚至在有些家庭里，一大家子人的心理成熟度都比较低，分化程度也比较低，夫妻一遇到矛盾就容易把老人牵扯进来。这样做非但不利于夫妻双方形成合力，维护好小家庭的边界，而且也容易勾起老人维护自家儿女的保护欲，敌视

儿女的伴侣。例如，丈夫一跟妻子吵架就跑到自己父母面前吐槽，这样的行为究竟是让公婆管还是不管，对这个儿媳妇是爱还是恨。懂事理的公婆虽然心里向着儿子，但可能还会本着"劝和不劝分"的原则，当着儿媳妇的面批评儿子，算是给足儿媳妇面子，也算给儿子一个体面的台阶下。就怕遇到那种不明事理的老人，一听自己的儿子被"欺负"了，就不由分说地找儿媳妇兴师问罪。这就是典型的帮倒忙，最后不但年轻夫妻的婚姻矛盾没解决，公婆也和儿媳妇互相埋怨。

如果你家有这种情况，建议夫妻先直面和解决两人之间的婚姻冲突，具体方法可以参照第二部分的相关内容。

第 5 类，沟通任务分工不清

在有的家庭里，夫妻二人在分配跟双方父母的沟通任务时可能策略不对。例如，岳父母和年轻夫妻住在一起，如果年轻夫妻对老人有意见，那一般由妻子跟老人沟通更方便些，毕竟是自己的父母，很多话说起来方便一些。但妻子偏要丈夫跟她的父母讲，这就让丈夫比较为难，因为不是自己的亲生父母，不知道怎么讲比较合适——说轻了，怕老人接收不到自己想表达的意思；说重了，又容易伤老人的感情。好多夫妻就是"说了不该由自己说的话"得罪了对方的父母。

所以，我建议，夫妻需要跟老人就一些分歧进行沟通时，两人先商量出一个大致的对策，再由夫妻各自和自己的父母谈。当实在进行不下去了，再换另一个人上场，或者夫妻两人一起上，这是"**分而谈之，有序沟通**"的策略。

这种"分而谈之，有序沟通"的方法在父母与我们的伴侣闹僵时也可以尝试。我们可以先找机会分别单独了解一下，父母和伴侣分别对双方冲突的态度和想法。接下来，试着理解和共情冲突双方的感受，诸如"虽然这事我一时也没办法给你们判个对错，但我知道你很生气、很委屈"。然后，我们试着在照顾自己感受的前提下，真诚地邀请伴侣和父母思考怎么从理智层面解决问题，诸如"但我也不会偏袒你们其中一方，否则问题就更难解决了。所以我在想，你们能不能各让一步，想个折中的法子解决这个问题"。最后，如果我们的伴侣和父母愿意坐下来重新谈，那就大家坐下来把各自的需求讲清楚，找折中方案。如果双方暂时都不愿意直接沟通，希望请我们向对方转达想法，我们可以暂时作为"传话筒"帮双方传递信息，但建议在同一件事情上的传话工作最多不要超过三个回合，否则我们夹在中间会感到厌烦和疲倦。如果这种"传话筒"的工作让我们感到很疲劳，难以承受，那我们也需要照顾自己的感受，及时停下来并寻求专业心理咨询师的帮助。

第6类，理念冲突，沟通粗暴

我们也常见到这样的情况：夫妻双方的原生家庭在生活习惯、育儿理念、世界观等方面差别很大，导致老人看自己的儿媳妇或女婿就是不顺眼。例如，男方家信奉"人生苦短，及时行乐"，认为人生安逸最重要，但女方家主张"天行健，君子以自强不息"，觉得人要不断奋斗。这就很容易让岳父、岳母和女婿相互看不顺眼，都觉得对方的想法有问题。有时更糟糕的是，双方不但理念冲突，而且沟通方式还特别简单粗暴。这时，**双方的沟通方式本身就会成为更严重的问题**，包括双方都认为自己是正确的，对方是错的，不肯妥协，甚至想把对方"改造"成自己想要的样子。在有的家庭里，老人和儿媳妇、女婿不但谈不拢，还会对彼此有语言侮辱、贴标签和肢体冲突等情况。

面对这种情况，我一般会建议夫妻采取"**先妥协，再维护自己**"的思路。**先妥协**指先想想在与对方老人的相处中，哪些事情是自己愿意让步、能够让步的。有时候，"做出让步的姿态"本身比"实际上让步了多少"更重要，就像买东西讨价还价一样。**再维护自己**指对方老人做的某些事、说的某些话或某种表达方式如果真的突破我们的底线，与我们的价值观背道而驰，那就用语言坚定地、不带攻击地说出自己的想法和底线。例如，婆婆每次吵架都辱骂儿媳妇，那儿媳妇可以向婆婆声明："我尊重你的想法，但我不接受你总是这样辱骂我。如果你再这样，我有权做我该做的决定，包括请你先离开这个家，或者我搬出去住，到时候出现的任何结果你就得自己负责。"如果对方不再继续做出侵犯我们人格或人身安全的事情，但心里仍不接纳我们的观点，那我们就得接受"大家的想法就是不一样"这一事实了，然后在日常生活里和家庭事务的合作上跟对方老人保持最低限度的、井水不犯河水的接触即可，有事就谈事，没事就各自安好。如果对方还是不断做侮辱我们人格甚至伤害我们身体的事情，那也就无须再忍，可以通过法律途径维护自己的权利。总之，就是"先礼后兵"的思路。

夫妻兵法

与对方父母相处，
凡事先以礼相待。
但若对方突破底线，
则不带攻击性地
直接告知。

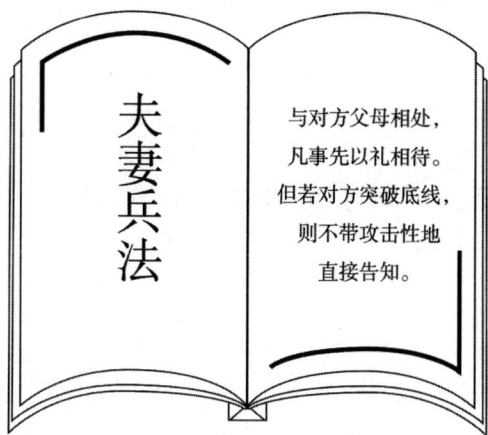

这里同样要强调，我讲这些的目的不是鼓动大家故意和伴侣的父母对抗，而是希望大家在与伴侣的父母相处时能把握恰当的分寸。

愿大家在和爱人的父母相处时能找到合适的分寸。

22.
和平分手，离婚不是好父母的终点

　　现今社会，离婚已成为越来越常见的现象。严格来说，离婚属于过不下去的夫妻解决冲突的一种方法，本身谈不上好坏，更不是一种不正常的现象。但是，许多夫妻离婚的过程及离婚后的相处方式却有可能成为问题。

　　对没有孩子的夫妻而言，离婚相对简单和容易一些，因为他们只需要在两人之间撇清情感、经济等方面的责任就好了。离婚以后，他们再也不用为对方的情感、生活和经济负责，一别两宽，各走各的路。但是，如果夫妻有孩子，那么事情就会变得很复杂。**因为离婚后，夫妻关系虽已不在，但他们还是孩子的父母。** 这就意味着，他们即使可以不用在乎对方的感受，但是不能不在乎孩子的感受、生活和成长，他们依然要尽到养育和照顾孩子的责任。也就是说，他们需要学习怎样以一种 **"不是夫妻，但仍然是孩子父母"** 的新身份跟对方分工与合作，继续照顾和养育孩子。

离婚需面对的 5 大难题

这种新的身份和关系状态可能会让不少离婚父母感到尴尬和不自在，因为就像和自己的合伙人换了一种合作关系一样，很多事都要重新磨合。此时，如果出现 5 大难题，就会让问题变得更严重。

难题 1，夫妻离婚后情感纠葛依旧

不少夫妻离婚以后，虽然财产划分清楚了，但情感上仍有纠葛。他们仍然恨对方恨得咬牙切齿，觉得对方亏欠自己，甚至一谈到对方就怒不可遏、浑身发抖。恨对方也好，放下和对方的恩怨也好，这本来属于个人选择，旁人无权干涉或评价，但不少夫妻会继续把孩子牵扯进自己和前任的"新仇旧恨"里，让孩子在父母离婚后继续被卷入两个人未完结的情感冲突中，继续"被三角化"。例如，离婚后，孩子的妈妈一直认为孩子的爸爸是因外遇而抛弃了自己，怨恨压在心头无处释放，所以她动辄在孩子面前说前夫的各种不是："你记住，你爸爸就是世界上最无耻的'渣男'，为了另一个女人抛弃了咱们，你一定要记住他做的这些坏事，以后替咱们讨回公道。"此外，她可能会千方百计地阻挠前夫见孩子，不顾一切地切断孩子和爸爸的情感联结。而爸爸也会抓住一切机会在孩子面前说"你妈妈尖酸刻薄，又强势，我真担心你跟着她生活以后会成为她那样的人"之类的话。不仅如此，夫妻二人偶尔碰头时或在微信群里毫不避讳孩子地继续争吵，这很容易又让孩子重新体会之前看父母吵架时的那种无助和恐惧。有的父母还会借着孩子上学、教育等各种事情想方设法地找对方的麻烦，

把孩子作为自己复仇的工具。

这种父母离婚后继续借孩子攻击对方、把孩子拉进自己的"仇恨同盟军"的做法，大部分情况下会严重妨碍孩子的心身健康和成长，不仅可能让他们长大后仇视父母的其中一方，而且可能会使他们对友情、亲密关系都失去信心，因为从小见到太多父母之间的冲突、相互诋毁和不信任。同时，这样的孩子也更容易情绪不稳定，更容易出现各种品行问题或患上焦虑、抑郁等问题。

难题2，父母拒绝照顾孩子

这是指父母一方（有时候甚至是双方）拒绝承担照顾孩子的责任，或者不愿定期看望和联系孩子。这种做法极其不负责任，相当于硬生生地切断了孩子和依恋对象的联结，剥夺了孩子的依恋需要，把孩子置于一种被抛弃的绝望中。我在临床上见过不少这样的父母，离婚后，他们都不想要孩子，就把孩子给祖辈或家里某个亲戚抚养，自己则对孩子不闻不问。如果抚养孩子的这个家庭相对比较和睦，家人的情绪比较稳定，待孩子比较好，能够对孩子的需要做出比较恰当的回应，那他们或许能成为孩子好的"替代性父母"，给予孩子一些爱的补偿。但如果遇到的照顾者自身人格有问题、情绪不稳定、忽视甚至虐待孩子，或者家里"三天一小吵，五天一大吵"，那对孩子而言就是"先被父母抛弃，然后再被扔进另一个火坑"。这样的孩子长大后出现心理问题、暴力、偷盗等问题的概率要高得多。

难题3，沉浸在旧日的创伤中

有些父母在上一段婚姻里被对方家暴或受到精神侮辱，这很可能会在他们内心中留下创伤，即使他们离开了这段婚姻，但只要一想到对方，一看到对方的消息，一听到对方的声音，都会感到恐惧。有的父母甚至会因此出现抑郁、焦虑或情绪不稳定，进而影响自己和孩子的相处。例如，一位曾经被家暴的离异妈妈说："我看到我儿子就会想到他爸爸，想到他曾经打我的场景，浑身都会发抖。"

难题4，过度内疚

不少父母离婚后会对孩子感到特别内疚，觉得因为自己离婚了，没能给孩子一个完整的家，特别担心会影响孩子。有的父母会想：我的婚姻失败了，现在孩子交到我手上，我绝对不能连父母都做不好，我一定要把孩子培养得很优秀，以此证明我自己。在这种心态的影响下，许多父母会对孩子过度关注和控制，结果剥夺了孩子自我成长的机会，激起孩子的强烈反抗。孩子越对抗，父母就越自责、越焦虑，然后就对孩子越控制，和孩子的关系就越紧张，形成恶性循环。

难题5，和孩子过度纠缠

还有一些父母离婚后感情上处于真空期，不知道该把自己的感情安放在哪里，于是就把所有精力和情感都投注在孩子身上，觉得自己的后半辈子就是为了孩子活着，完全忽略了自己的个人职业发展、情感生活和兴趣。这种"炙热"的感情很容易在道德和情感上"绑架"孩子，可能让他们一边想离家自由发展，追逐自己的梦想和生活，一边心里又放不下抚养自己的爸爸或妈妈，担心自己离家后父母会感到孤单寂寞，一直处于纠结中。以一位单亲妈妈为例。她跟儿子说："你是妈妈唯一的寄托，你现在结婚了，我就一辈子跟着你们生活，以后咱们就好好过日子。"这样的话本身并没有错，但可能会让儿子内心很矛盾，他可能会觉得如果自己对妻子比对妈妈好，就是对妈妈的辜负和背叛。他可能接下来都不知道该怎么对待自己的妻子了。而妻子在接下来很长一段时间内或许都要面对"和婆婆抢丈夫"这样一项艰巨的挑战。

给离婚父母的 9 个建议

离婚父母固然可能面对上述五大难题，即使这些难题似乎并未出现，离婚后生活的变化也需要我们做出一些调整，包括与孩子互动，与前任互动，以及如何过好离婚后的生活等。以下是我给离婚父母的 9 个建议。

建议 1，和孩子保持情感联结，给予陪伴

即使离婚后，父母仍有义务也有必要定期或不定期地和孩子联系，包括和孩子通话、视频、见面、一起玩耍等。这样做起码可以让孩子感到父母并没有因为离婚而抛弃自己，让他们感到自己仍然是值得被爱的，是有价值的。

建议 2，经济上提供支持

父母必须承担自己那份抚养孩子的经济责任。这样做不仅是为了让孩子的物质生活更有保障，同时也可以让对孩子有监护权那一方能感到心理平衡一些，不至于在离婚后还对另一方充满仇恨。如前所述，这也是在间接地保护孩子的感受。

建议 3，保持对对方的基本尊重

父母需要在平日与彼此的必要交流中（特别是在孩子面前）表现出对对方基本的尊重。让孩子看到自己的父母离婚后还能以一种彼此尊重的方式相处，是对他们最大的安慰，也是对他们最好的"现实教育"——两个人即使没法在一起生活，照样可以在彼此尊重的前提下求同存异、友好相处。

建议 4，不要在孩子面前说对方的坏话

离婚后，我们不宜把孩子当作宣泄对前任仇恨的"情绪垃圾桶"。就算不愿意在孩子面前说对方的好话，但起码不要当着孩子的面抱怨对方，不要继续增加孩子对另一方父母的仇恨值。

建议 5，和对方沟通时就事论事

如果我们对对方的某些做法有意见，可直接和对方就事论事地沟通，没必要"就事论人"或翻旧账，因为此时的我们已经不是彼此的伴侣，已经没有义务听彼此的抱怨了。

建议 6，分清"父母的事"跟"孩子的事"

如果我们在生活和工作中或情感上有什么困惑或烦恼，最好找朋友、闺密、哥们儿或心理咨询师倾诉和商讨对策，不要什么事都跟孩子吐槽或讨论，因为孩子没有义务承担这些。

建议 7，接受现状，接纳自己

如前所述，过度内疚容易成为束缚父母和孩子的绳索，所以父母（特别是获得孩子抚养权的一方）或许可以试着告诉自己：离婚是我的选择，并不是问题。离婚不代表我是失败的妈妈／爸爸。孩子成长得好或坏也并不完全是我的责任，不是我能左右的。

我既然已经离婚了，那就好好地面对接下来的生活。

建议 8，爱自己，经营好自己的生活

离婚后，父母除了要关注孩子以外，也要把一些精力放在自己的感情需要、事业发展、兴趣爱好上。父母把自己的生活过好了，才能更好地照顾孩子，孩子才能活得更轻松，才能放下对父母的担心，自在地成长。父母不必觉得自己过得精彩就是对孩子的抛弃和背叛，因为即使我们和孩子住在同一屋檐下，照样可以各自独立地精彩生活。

建议 9，坚定自己的需要

有的夫妻在离婚后明明不想再和对方一起生活了，但有时觉得孩子可怜，觉得孩子想要父母复合，就勉为其难地和对方"重新开始"，但大部分时候结局都不尽如人意。所以，如果你真的不想和对方一起生活了，那就坚持自己的想法，坚定地跟孩子讲清楚。许多时候，比起好聚好散的离婚，委曲求全和充满仇恨的婚姻带给孩子的伤害更大。

以上就是给离婚家庭提供的育儿建议，希望可以帮助有需要的父母。当然，如果你觉得上面的道理自己都懂，但实际做起来却总是会被仇恨等情绪控制，那提示你可能真的需要先照顾和整理自己了。你可以先找自己信任的朋友或亲人诉说，寻求他们的支持，实在不行还可以向专业的心理咨询师寻求帮助。但是不管怎样，都不建议把孩子变成承接你情绪的"住家心理咨询师"。最后，让我们用一个 6 岁女孩的故事来结束吧。

我们一家人以前很快乐。
爸爸很帅，妈妈很漂亮，他们经常一起带我出去玩。

但不知道从什么时候开始，他俩经常吵架。
这让我很害怕。

有一天，他们跟我说他们要分开生活了。我不想让他们分开。
但他们说："不必担心，即使我们分开了，
我们还是你的爸爸妈妈，依然爱你。"

后来爸爸搬出去住了，我平时和妈妈在一起生活。
爸爸常常来看我，带我出去吃好吃的、放风筝，
我们还会一起带着他的狗狗"多多"散步。

妈妈平时工作很忙，但她有空就会陪我画画、做作业。
我发现和爸爸分开后，她变得越来越温柔了。

有时候妈妈太忙没空，她会打电话让爸爸过来陪我。
我觉得他辅导得没有妈妈好，但能看到他我其实挺开心的。

虽然有时候看到别的小朋友有爸爸妈妈一起陪着，
我会有些羡慕，但我发现他俩分开后，爸爸变得越来越开朗，
妈妈也越来越漂亮了。看到他们这样，我也挺开心的。

所以我想，就算他们分开了，他们依然是世界上最棒的爸爸妈妈。
我想和他们说："爸爸妈妈，我爱你们。"